本书获2015年贵州省
出版传媒事业发展专项资金资助

2011年度国家社科基金重大招标项目“清水江文书整理与研究”（11&ZD096）阶段性成果

2014年度贵州省民族古籍研究基地课题成果

清水江文书整理与研究丛书

加池四合院文书考释

卷二

王宗勋 考释

贵州出版集团
贵州民族出版社

图书在版编目（CIP）数据

加池四合院文书考释. 卷二／王宗勋考释. — 贵阳：贵州民族出版社，2015. 11

（清水江文书整理与研究丛书）

ISBN 978-7-5412-2231-3

Ⅰ. ①加… Ⅱ. ①王… Ⅲ. ①契约－文书－研究－锦屏县 Ⅳ. ①D927.734.36

中国版本图书馆 CIP 数据核字(2015)第 176644 号

清水江文书整理与研究丛书
加池四合院文书考释　卷二
王宗勋　考释

出版发行　贵州民族出版社
地　　址　贵阳市观山湖区会展东路贵州出版集团大楼
邮　　编　550081
印　　刷　贵阳海印印刷有限公司
开　　本　787mm×1092mm　1/16
字　　数　570 千字
印　　张　33
版　　次　2015 年 11 月第 1 版
印　　次　2015 年 11 月第 1 次
书　　号　ISBN 978-7-5412-2231-3
定　　价　98.00 元

出版前言

清水江是长江水系的重要支流，是沅江的主源之一，发源于贵州省都匀市谷江乡西北，主要流经贵州省都匀、麻江、凯里、黄平、台江、施秉、剑河、锦屏、天柱及湖南省会同、洪江、芷江等县(市)，在湖南省洪江市黔城镇与㵲水汇合，以下即为沅江，最后汇入“八百里洞庭”。清水江干流全长约460公里，流域面积1700余平方公里。

清水江一直是黔东地区和外界沟通的重要通道。明代，中央王朝即从这里采办大批“皇木”。清代中期，这里商贾云集，木材贸易繁盛一时。清水江流域也是苗族、侗族等民族聚居的地区之一，许多民族村寨至今保存着大量自明代中后期起至民国时期形成的关于土地、山林、木材、房屋等方面经济关系的契约，以及借贷、书信、诉讼、告示、账簿、族谱、碑刻等方面的文书。因首先在锦屏县发现，学术界、政界等开始称其为“锦屏文书”；后来清水江流域许多县市亦有大量发现，故而又称其为“清水江文书”。2010年，“锦屏文书”被列入《中国档案文献遗产名录》。国内外法学、经济学、历史学、人类学、民族学、林学等学术界普遍认为“清水江文书”具有极高的文献价值和学术价值，对其进行收集、整理、研究日甚一日。

在国家推动文化大发展大繁荣、抢救和保护各民族非物质文化遗产的盛世时代，贵州民族出版社分期分批组织编著和出版“清水江文书整理与研究丛书”。目的是将具有代表性和典型性的“清水江文书”原始记录以及关于“清水江文书”学术研究的成果，比较全面系统地呈献给读者，呈献给社会，呈献给未来。

本丛书按“点面”与“纵横”相结合的思路实施著述与出版工作。一是注重典型，对若干典型民族村寨收藏的“清水江文书”原件进行影印、整理、点校、注解。二是突出重点，对“清水江文书”中的林业契约文书、土地契约文书、典当契约文书、借贷文书、诉讼文书、古碑文等进行分类整理和研究。三是拓宽视野，从经济学、历史学、法学、民族学、人类学、生态学等学科，对“清水江文书”进行较为深入系统的学术研究。

本丛书的著述与出版，是一项较大的文化工程，不足之处在所难免，我们真诚地希望读者提出宝贵意见。

“清水江文书整理与研究”丛书编辑组

序

栾成显

黔东南与湘西接壤，本是云贵高原与中原腹地相连的一个过渡地带。这里峰峦叠翠，碧水蜿蜒，美丽的清水江贯穿其中。自古以来，苗族、侗族等各族人民聚居杂处于此，特别是明清以降，其与中原各地交流扩大，商贸频繁，经济活跃，文化交融，社会发展进步十分明显。作为这种经济社会发展的产物，如今则给我们留下了一笔丰厚的文化遗产，这就是著名的清水江文书。

清水江文书保存了大量的明清以降苗族侗族人民在山林经营和木材贸易方面所立契约文书，此外还有田土买卖、分家析产、纠纷诉讼、日常收支、婚姻习俗以及其他公私交往与社会生活的契约和记录，种类繁多，数量巨大，成为继徽州文书之后发现的又一大地方文书档案遗存，堪称民间契约文书之又一宝藏。清水江文书与内地其他文书相比，从大的方面看，整体上大致相同，显示其承继和吸收了中原契约文书的基本要素。而在契约内容事项的表述之中，又清楚地显露出地方特色和民族习俗。最值得称道的是其归户性。所谓归户文书，乃指原本属于一户所产生的各种契约文书，一直保持其原始户属形态，没有被打乱，仍以户的形式保存下来。如今，明清时代的契约文书在各地多有遗存和发现，其中亦不乏归户性文书。然从总体来看，属于归户性文书者则占少数。有的最初面世时虽属归户文书，但其后或因转手太多，或因缺乏归户意识，原本属于一户的各种契约文书多被打乱，而分藏各处；有的遗存下来时就是一些零散文书。已面世的各地明清契约文书多数属于这种情况。清水江文书则有所不同，目前发现遗存的该文书大多数都属于归户性文书。这是由于当地公藏单位在收藏文书时，从一开始就注意按户归类建档；又有相当一部分清水江文书，目前仍保存在原文书户主家中，其主人将文书原件视为家珍，不愿交与他人保管，收藏单位和研究者仅可获得复印件，毫无疑问，这些文书是地地道道的归户文书。归户性十分突出，成为清水江文书遗存的一大特点。

归户性文书多可构成个案研究资料。个案资料与零散资料相比，不仅有量的区别,在质的方面亦有不同。个案资料比较完整,没有被割裂,多保持资料生成原貌,呈现出资料形成的原始形态,从而为研究者提供了一般零散资料不具备的多种信息。完整的个案资料则更接近历史真相,更能反映事物的本来面貌。不仅如此,通过个案研究,往往会有新的发现。理论上的概括,需以实证为基础。研究中的真知灼见,往往源于对典型个案的分析之中。所以在科学研究中,进行典型的个案剖析,乃为重要一环,不可或缺。就契约文书而言,以归户性文书所形成的个案资料,纵向上可对一个家庭或家族作长时间段的追踪,探索其发展变迁轨迹;横向上又可对诸多相关专题加以探索,作出全面而深入的研究。故归户性文书的研究价值更高,向来受到研究者重视。

王宗勋作为一名深深扎根于乡土的著名学者,多年以来,一直从事清水江文书的征集、整理和研究工作,勤奋钻研,孜孜不倦。其对清水江文书资源情况颇为熟悉,对有关清水江文书的乡土知识也了然于胸。曾与中山大学张应强教授共同主编出版了大型文书资料《清水江文书》(第一、二、三辑),并发表了多篇论述清水江文书的论文,研究成果颇丰。在征集文书的过程中,他发掘出“加池四合院文书”这一珍贵的文书资料。该文书群保存完好,计1200余份,上起清乾隆中期,下迄20世纪50年代,时间跨度近两个世纪。其内容以林业经营为主,涉及山林土地买卖、租佃关系、宗法规则、赋役制度、司法诉讼、风土人情、宗教信仰等等。文书类别除一般散件契约外,还有三本有关林业经营的簿册文书,资料集中,纪录完整,研究价值很高。该文书的事主皆为加池姜廷德及其后裔,全是该户经过长期积累而形成的原文书群,为归户文书之典型,堪称清水江文书之珍品。其研究价值不言而喻。王宗勋同志近年来遂立课题,对该文书加以分类梳理,精心考究,辑成《加池四合院文书考释》付梓。尤其难得的是,他利用自己所掌握的乡土知识和研究功底,对文书中出现的苗语人名、地名、特殊名词,乃至相关历史事件、历史人物、地方习俗等等,都一一考证,详加注释,实为有关契约文书的一种基础性研究。这对清水江文书乃至明清契约文书的研究必将大有裨益。

期待有更多的像加池四合院文书这样的文书资料被发掘出来,整理出版,公之于世,嘉惠学林。

2015年6月

(栾成显,中国社会科学院历史研究所研究员、徽学研究中心顾问)

凡 例

一、《加池四合院文书考释》按内容分为山林权属转移文书、佃山造林文书、卖木分款文书、田土买卖文书、借贷文书、清白文书、诉讼文书等类。每类文书，按时间先后顺序排列。

二、原文书大部分没有标题，现书中标题为考释者所加。

三、文书中盖有印章的，点校时不对印章进行校注。

四、原文书中的异体字或错别字，先原样照录后，以(　)标出正字。

五、因文书损坏造成的缺字，或字迹模糊、难以辨识，以□表示此处缺一字；若不能确定缺字数量，则以……表示。

六、对文书中若干人名并列的特殊书写方式，也予以保留，如：姜之模
开明；原文书中加方框的地方，也保留其方框。

七、文书中的特殊名词和涉及的特殊事件、人物、生产生活习俗等在文书后加注释说明。

八、加池系传统苗族村落，文书中的地名大多系汉字记苗音。再加上受到附近侗族村寨语言风格等的影响，文书有相当一部分地名杂有侗语成分。所以在文书之后的注释中，对苗侗语地名或人名用汉语拼音标出原来读音，并将其翻译成汉语。

九、对原文书的一些背景情况和文书中出现的错误也在条目后加注释说明。

十、《加池四合院文书考释》，对同一名词只在第一次出现时进行注释。

目　录

加池四合院文书综述

王宗勋

一、加池四合院

加池，亦写作“加什”，苗语意为居住在半坡的苗家，是贵州省锦屏县河口乡的一个苗族小村。在历史上，加池属于今锦屏、黎平、剑河三县交界的青山界大山周边的古四十八苗寨之一，同时与锦屏县河口乡塘东、瑶光、韶霭，偶里乡云照，平略镇岑梧以及固本乡宰格6个古苗寨有着类似款约等传统自治组织的密切关系。清康熙中期，加池与附近的文斗上寨、岩湾等苗寨主动向黎平府“输粮附籍”，被拨属黎平府龙里长官司管辖，从而结束了其“化外”历史。

加池村位于清水江（三板溪电站水库，以下简称“水库”）南岸的半山腰上，距锦屏县城水路35公里、公路55公里，从江（水库）边到村里约有1公里的坡路，海拔约600米。东邻文斗村，南靠中仰村，西隔清水江（水库）与锦来村党样自然寨相望，北隔清水江（水库）与南怒村相望，东北与岩湾村相接。2014年全村有198户，886人，90%左右为姜姓，其他为马、王、杨、唐等姓。全村土地总面积约10 100亩，其中60%左右为林地，三板溪电站建设淹没其林地1700多亩。至今仍有林地4700余亩，农田370亩。该村的经济过去以农业为主，林业是重要的补助。20世纪90年代末期国家实行天然林保护政策，对林木实行“禁伐”后，传统林业不再是其经济的重要补充。现在，人们多外出务工，务工收入已成为该村最重要的经济来源，约占全部经济收入的65%。

加池村的房屋基本上依山而建，面向清水江，多数人家打开窗子即可清晰地看见下边碧绿蜿蜒的清水江（水库）。在该村，至今仍保存有一幢完好的杉木四合院。该四合院坐落在村西角，坐南朝北，东侧有一口水井和一眼水塘，水井供应全村的饮用水，水塘则供村里水牛夏天洗澡；西侧有一群红豆杉、枫等参天古树；上边为梯田，下边是田冲。四合院为青瓦顶楼式纯杉木建筑，横排5间，长14.8米，进深19.6米，占地面积290平方米。在结构和布局上，前面为堂，后面为正屋，两边为厢房。正屋为五柱七瓜重檐悬山顶三层结构，前堂和厢房为三柱五瓜单檐悬山顶两层结构。进大门穿过前堂即为一个长11米、宽5.5米，镶铺青石板的长方形露天天井，天井四角有古钱状的排水孔，水通过暗沟排出屋外。前楼和后屋的一楼为杂物间，用以堆放农具和柴炭等物（过去也圈关猪牛）。二楼由一条宽1米的环形内走廊将前堂、正屋和两边厢房联通。正屋中间的为堂屋，东侧后间为火炉（厨房兼生活起居室），余为卧室。厢房东边为客房，西边为书房。前堂为饭厅。走廊的外面雕有“福”“寿”“禄”字和“卐”型符号，手工简洁流畅。走廊内侧窗户和走廊上方檐下均雕有花草动物图形，手工细腻，形象生动。堂屋即客厅，是家庭讨论重大事务和接待重要宾客的场所。过去，堂屋两边的柱子上均挂有金字抱柱对联。现客厅中仍维持始建时的大致布局：正中有一个直径1.5米的象脚大圆桌，两侧各排有四根清式靠椅和一把茶几，后面为神龛，神龛上摆有瓷制祭器。神龛、圆桌、靠椅均雕有精致的图案。正屋三楼两侧前面为未婚子女的卧室，后面则用作老人的卧室和存放平时不大用的生产和生活工具。正中部分平时空着，有喜事时用以摆设酒席。房屋二、三两层楼的楼板均为双层，顶瓦亦系双层。

四合院修建于清光绪三年（1877年）。当时主人姜恩瑞（又名姜宗保）家业正盛，在加池村属富户之一，但人丁欠旺，姜恩瑞已是第二代单传。而他年过三十，连生四女而无一子，心里甚是不安。光绪元年（1875年），湖南阴阳先生张炳兴游历到文斗，已近乎无奈的姜恩瑞闻讯便怀着一线希望向张先生求助。张先生经过一番认真考察，建议择于今址“起大屋，接晚秋瓜”。姜恩瑞遂迫不及待地在今址兴土木建大宅。纵然姜恩瑞家杉山众多，木材丰富，但他仍不惜重金到10公里外的扒洞选购更上等的木料。尤其是用于正屋堂屋的两根中柱，选用极其贵重的紫檀木。经多方寻访，最后在七八公里外的冒哨冲购得。运至半路，有一根被一位妇女无意踩踏，遂废而重新购买一根（当地风俗，建新房用的中柱、宝梁木严禁妇女跨踏，否则不吉利）。四合院由湖南宝庆（今邵阳）孙、伍等有名工匠负责建造，孙姓师傅率8名工匠负责房屋的设计和木工以及家具制作，伍姓师傅则率两名工匠负责石瓦。在张炳兴的精心指导下，四合院建设前后历时3年（先建后面正屋，再建前面堂楼），光绪三年（1877年）竣工。四合院竣工后，恩瑞盼望已久的“晚秋瓜”男嗣姜源淋果然出世。

四合院在建筑上，既引进了湖南地区汉族建筑的风格，同时又继承了清水江中下游地区苗族建筑的风格，是湖南汉族建筑文化与清水江中下游林区苗族建筑文化的完好结合。

从四合院保存的诸文书中，对这家的历史最早可追溯到清康熙年间，姜甫元、甫明、甫臣兄弟是该家族有文字记载在加池的最早先祖。姜甫元之子姜合保活跃在雍正年间至乾隆中期。这时候清水江的木材贸易已开始繁荣，他于是积极投身到木材贸易的新潮流中。姜合保的次子姜廷德(长子姜廷方)进一步光大父业,积极从事山林转手倒卖和小额木材买卖,也不时驾排下运“三江”售卖,同时还大量置放高利贷。和当时的大多数农民一样,姜廷德所赚取的利润大多用于购置山林田地。从乾隆到道光年间,他共计买进山林土地三百多块,奠定了其家族的经济基础。廷德生有两男两女。长子开明(1795~1857)从小随父从事山林及木材买卖,也充当排夫,其经手买进的山林有一百多块。次子开科22岁时因放排丧命清水江,留下遗腹子凤鸣,家业遂由开明掌管。然凤鸣也是寿命不长,在与格翁村富室范文通之女成家并遗下独子恩瑞后,也在22岁时匆匆离世。姜恩瑞成年时,正值清水江中下游地区战争动乱后期,加池寨被黎平府强行编入地方团练中营(清水江著名的“三营”之一)去抵抗台江张秀眉、天柱姜应芳率领的苗、侗族农民起义军。根据“有人出人,有钱出钱”的政策,作为独子和加池村富户之一的姜恩瑞,在捐献出百分之三十的田产后,仍被迫充当团丁参加打仗。因顾虑自己已是两代单传,尚未完成传宗接代的任务,故在打仗中总是冲锋在后而撤退在先。战乱结束后,姜恩瑞利用所余家资建了这座四合院。在四合院建成的当年,姜恩瑞盼望已久的承嗣人姜源淋出世。此时,清水江的木材贸易在经过二十多年因战乱导致的萧条之后空前繁荣,心病已除的姜恩瑞便悉心投入木材贸易大潮中,倾力从事山林转手和木材买卖。随着木材生意越做越大,他甚至还自取名号为“五礼行”,打制一把名为“洪顺”的山印用于收购木材(山印,因形如斧子,也称作“斧印”,山贩在山间或江边购买得木材后,即在木材上敲上该印,以标识木材的权属)。光绪中期,姜恩瑞的家业较前几代人都空前盛大,长公姜开明那一支的山林田土大多数被他收买了过来。惟一的香火继承人姜源淋成家以后,也在姜恩瑞的指导下从事山林转手和木材买卖。但好景不长,清代后期至民国中期,清水江的木材贸易起落不定,尤其抗日战争期间更是长期萧条,姜源淋与大多数加池人一样,无生意可做,兼之子女众多(生育盛荣、盛华、盛富、盛贵、盛昌等五子三女,按“五丁抽二”的原则,两个小儿子于民国中期被抽出当兵,均有去无回),家道于是日渐式微。1952年土地改革时,依照当时所拥有山林土地情况,姜盛荣、姜盛富、姜绍烈(姜盛华之子)兄弟叔侄都被划定为中农成分,山林土地基本不动。1956年农业合作化时,他们所有的山林田土均悉数无偿交归集体。到2014年,四合院的后人计有6户,36人,除绍平、绍卿两人搬出四合院外,绍烈、绍奎、绍榜、绍勇仍居住在四合院中。

二、四合院文书的基本情况

2001年5月,一次偶然的机会,笔者发现加池四合院中还保存有大量的旧契约等文书。这些文书置放在三楼空荡荡的大通间边上，用一口高与宽约50厘米、长约80厘米的大樟木箱装载，箱子上积满灰尘。当时文书存放得十分规范，大包里面有小包，有的小包里面还有小包。大包用家机布单独包捆（包布为四方形，其中一个角捆一根麻线，麻线末端拴一枚铜钱），包上写有包里文书内容的简要概括文字。中包和小包或用布包，或用纸包，用麻线或糯草芯捆扎，包面上书写山场田块名称和包内契约的大致内容。小包里的文书都折成宽4～6厘米、长约20厘米的长条形状，有的面上写有如“某某山卖契”“某某山佃字”“某某山清单”等字。在契约、合同类文书的左上角大都贴有一张小红纸片，红纸片上写有山场田块的名称，如“某某山佃字”“某某山合同”等。文书的管理者姜绍烈老先生介绍说，过去契约文书皆按照山块分包，小包里即是同一块山场的所有契约（包括卖契、佃契、合同、清单等），大包则是相邻山场的契约文书，在契约以及包上写字，其目的是便于查找。因山场进出变化等原因，过去老人每隔几年就要清理一次（姜恩瑞即做过多次清理）。旧时，契约等文书都由家里长子保管。四合院家庭众兄弟中，姜绍烈年纪最大，所以就由其管理契约等文书。姜绍烈说：“因家里有些山场，祖父和父亲都曾交代，家里出现火灾等紧急情况，无论如何要先救出装契约的箱子。1956年‘合作化’后，山林田土交归集体，这些契约文书对山林田土的管理也就没有什么用了。”

当时，笔者正奉命负责锦屏县政府与中山大学合作收集整理锦屏民间契约等文书事宜。笔者多次走访加池四合院，向姜绍烈、姜绍卿等四合院的主要成员做思想工作，动员其将所保存的文书交给县里（县契约征集办公室）整理和收藏。经多次做工作后，2001年8月，姜绍烈、姜绍卿兄弟终于同意将所有的1200余份契约等文书悉数交到县契约征集办公室，从而奠定了清水江文书（锦屏文书）征集工作的基础。此后至2012年的11年间，笔者多次走访姜绍烈老先生，请他指点其家族契约等文书中所涉及的地名、史事及人物，进而与其结下深厚的忘年情谊。

四合院的文书以契约类为主，约占总数的八成。其时间跨度从清乾隆中期到20世纪50年代，前后将近两百年，跨越7代人：姜廷德—姜开明、开科兄弟—姜凤鸣—姜恩瑞—姜源淋—姜盛富兄弟—姜绍烈兄弟。其内容以林业类为主，涉及土地制度、租佃关系、分配制度、赋役制度、宗法制度、司法诉讼、地方法规、风土人情、宗教信仰等。具体可以分为田土权属转移契约、山林权属转移契约、租佃契约、山林股份分成合同、林业收益分配合同、分家析产关文、银粮借当契据、家庭收支登记册、山林登记簿、山林和社会治安管理的乡规民约、山林权属等纠纷调解裁决和诉讼状词及官府的裁决、官府文告、信函、丧葬法事活动情况记录、地理命理课单等。诸文书中，有的在时间上有很强的连续性，有的山块从清代乾隆中期至清末一百多年中的每次权属变化都清晰可鉴。从诸文书中，可以清理出姜绍烈家族自清康熙年间至民国末年两百多年的发展脉络，使我们能全面地了解到四合院家族近两百年间的经济、生活以及社会交往等方面的基本状况。

在四合院文书中，有两件文书颇为特殊：一件是落款为“五礼行加礼”的3本山林座簿，另一件是汇集清道光中期格翁等村寨民众联合诉斗河口巨富“姚百万”的状词稿《益我斯文》抄本。座簿即是山林田土登记清册。“五礼行加礼”座簿记录了姜廷德家族从清乾隆中期到宣统年间一百多年所购进每一块山林和土地的情况，共分为3册：第一册簿名“业来滚滚”，订于清嘉庆十九年（1814年）三月，记录了姜廷德、姜开明父子在嘉庆七年（1802年）至同治年间买进395块山林的简要情况；第二册无簿名，订于清咸丰九年（1859年）正月，收录了乾隆四十五年（1780年）至道光二十八年（1848年）68年间，姜廷德、姜开明父子等对涉及尾圣等57块山场的山林买卖、租佃、股份分成的契约245份；第三册簿名“万山归来”，订于清宣统元年（1909年）冬月，记录了光绪至宣统时期姜恩瑞、姜源淋父子经手买进116块山林的简要情况。从这几本座簿中，我们可以大致了解到四合院家族经济的发展轨迹。

清代中期以后，随着清水江流域木材贸易的发展，封建林业商品经济日益繁荣，吸引来了湘赣等地大量的破产农民和手工业者。他们迁移这里，在带来先进的封建商品经济和封建文化意识的同时，也使这里的社会结构发生变化。由于经济和文化意识的差异以及利益等方面缘故，汉族人来到这里不久，便与世居的苗、侗族发生摩擦甚至斗争。河口巨富“姚百万”的兴衰即是一个典型的例子。“姚百万”（姚继周父子）是清乾隆后期从江西迁来，在锦屏因从事木材贸易发家的清水江第一代富商，兴盛时所拥有家资（银）逾百万两，“姚百万”名号因此而得，其财势在清水江流域地区至今仍无人能及。但“姚百万”却在道光中期被格翁、塘东等周边民众联合起来告垮，其故事至今仍盛传不衰。《益我斯文》抄本是木材流动下的清水江流域社会经济变迁与人群互动的真实反映。2008年，笔者在格翁范培权家收集到另一集诉姚百万状词稿，是诉讼姚百万事件的核心人物范金亲手抄录，内容与加池四合院的《益我斯文》抄本有所不同，二者互相补充和印证。

三、四合院文书的特点

加池四合院文书具有以下几个方面的特点：

第一，林业特色。在四合院的1200余份文书中，有75%左右是记录和反映林业以及关乎林业方面的。其内容包括：①山场和林木所有权的转移；②林业土地与劳动力之间的关系；③木材贸易；④林业收益分配；⑤林业产权纠纷以及解决形式；⑥林业生产技术及管理。这些内容，涉及林业的基础土地和林业生产的各个环节，尤其是林业生产上的责任、权利和利益的调整与分配。从四合院诸文书中，我们可以看出，在第一线从事林业生产者的利益是否得到合理体现，是林业能否得到发展的关键。锦屏县是我国南方重要的传统人工林区，自20世纪50年代以来就是国家林业政策的试验地。20世纪80年代以来，国家在这里进行了数轮林业体制改革，探索林业发展的新路，其最主要目的也是让林农的应有利益得到科学合理实现，以激发其从事林业生产的积极性。加池四合院的这些涉林文书，其实就是一部活态的人工营林史，对当今发展生态林业、建设生态文明具有重要的参考和借鉴价值。

第二，白契多，红契少。在四合院的契约类文书中，盖有官府钤印的"红契"共有128份，约占总数的12%。其中，田契36份，约占田契总数的35%；山场卖契92份，约占山场契总数的19%。诸"红契"散现于清嘉庆年间、道光年间、光绪年间以及民国时期。众所周知，"红契"是官府对民间经济发展影响的形式和结果。清乾隆、嘉庆、道光年间以及民国时期，官府都发出告示，要求民众持土地房屋等权属转移的契约文书到官府验证，缴纳契税，但加池等地因地处边远，响应者寡。出现"红契"，反映出国家与清水江流域地区在经济上的双向互动。白契占大多数，则更是反映了清水江流域少数民族地区国家影响力的相对薄弱和少数民族朴素诚信意识凸显的社会状况。

第三，归户性。归户性是清水江文书的一大特点，而加池四合院文书则更是清水江文书归户性的典型和代表。在锦屏、黎平两县，有关部门在民间文书的征集中，也发现有保存上千份的大户，但那些都是一个大家族若干户（数十户）公共的，涉及面较广，而四合院文书的所有者则仅为姜绍烈六兄弟。而且，目前仍健在的姜绍烈老先生，自己即是相当一部分文书产生的见证者和文书中的当事人，他对诸契约中涉及的山场田块和事件大多了然于胸（姜绍烈父亲去世得较早，其年轻时候曾伙同其伯、叔等一起买卖山林，佃种他人山场，也亲自同他人订立过契约）。从某种意义上说，姜绍烈本人也是四合院文书的一部分，是四合院文书在1952年以后的延续。

正是由于四合院文书连续、系统和完整的归户性特征，把时间性和空间性有机地统一到了一起，使我们可以把握这个家族历史发展变迁的内在脉络，深入到一个真实、立体的历史现场，继而窥视到清水江区域社会变迁的某些侧面，以更加透彻历史事实。

第四，归地性。所谓的归地性，即是将契约文书根据山场地块的不同来分包保存，就如同按文件类别的不同来分门别类建立档案一样。因为这种归地指向的历史遗存有某些原生的内在关联，使得契约文书既系统完整又脉络清晰。如上所述，笔者最初发现四合院文书时，其契约类的归地性十分明显和突出，各山场、田(地)块的契约均单独分包。如，一块山场的契约包括该山场的卖契(包括上手契)、租佃契、山场股份清单、山场林木款分配清单、权属纠纷解决过程中形成的各种文件等；田(地)块的契约包括卖契、典当契等。在四合院的文书中，我们可以看出，四合院家族过去的山场大部分集中在加池村西南面 2 ~ 4 公里的清水江南岸一带，具体地名有党样、乌什、刚套、党周、培鸠、乌漫溪和寨脚半坡一带及江对面的莲花山、伟包等，农田则集中在寨后山的补省、里丹及村寨附近一带。对这些地块，姜绍烈老先生无不了然于胸。但遗憾的是，在后来的整理中，工作人员未能按归地性来立卷(因确有一定的技术难度)，只能按时间先后顺序来整理立卷，这对于四合院文书的价值来说，不能不说是一种很难以弥补的损失。

四合院文书的归地性特征，不仅为以实地调查和文献解读相结合的学术路径打开了方便之门，以实现对清水江流域“地方性知识”的深度描述，还可为从微观视角开展实证研究锦屏地区林业经济历史提供真实而可靠的材料，这对于当前农村土地流转、林权制度改革以及提高农林作物生产技术大有裨益。

第五，文书书写欠规范。在加池四合院的文书中，有不少书写很规范而且字体很漂亮，但有近六成的书写不是很规范，有的表述前后相互矛盾，有的错漏字和病句很多，如清道光十九年(1839 年)的《姜宗义偷盗戒约》，总计有 102 字，错别字竟有 11 处之多。文书书写不规范和错漏字、病句多，我们从中可以看出两个现象：一是汉族文化教育已在加池等清水江流域地区有了很大的发展，生活在社会最底层的广大农民已逐步掌握汉文化，书写契约文书已不再是少数文化精英的专利；二是随着木材贸易的发展，中原地区的封建契约文化已广泛传播到这里并为广大民众所接受和掌握，清水江流域的契约文化业已形成。

第六，汉字记苗侗音。加池一带是传统的苗族社区，群众的日常生活用语至今仍是用苗语。在四合院的文书中，夹带有很浓重的苗语色彩，尤其在地名和人名的记录上最为突出。在苗语地名和人名的记录上，文书中大多采用汉字记苗音的形式，即是将苗语地名直接用相同或相近读音的汉字记录下来。对于找不到相同或相近读音汉字来记录的苗语地名，就直接将此地名或人名意译成相应的汉字。加池南面 3 公里即是侗族村寨中仰，加上清嘉庆至道光年间，贵州天柱、湖南会同等侗族地区有不少侗民迁移到加池、文斗一带，向此地山主租佃山场造林，成为新居民。在这部分人群的影响下，加池有不少地名和人名夹杂有侗语的含义。另外，还有一个不可忽视的因素，即是由于文书书写者对汉语和汉文掌握较少，以致有的苗侗语地名和人名的记录与原来本意相差甚远，这就给后来的研究者造成了相应的困难。

地名是一个地方经济和社会发展历史的重要载体。从四合院文书所记录的众多古苗语地名中，我们可以看出这一带经济和社会发展变化的影子。这些地名的产生和演变，对于研究这一区域历史文化和生态环境的嬗变提供了相关的支撑。

第七，具有现实利用价值。笔者了解到，在锦屏县，1952 年至 20 世纪 80 年代初期，林业政策先后发生了 4 次较大的变革：①1952 年实行土地改革，将山林土地分配给农民。②1956 年农村实行农业合作化，将农田山场全部无偿收归集体，对林木则采用折价购买的形式收归集体（但因多方面原因，大部分林木实际上只折价而未能兑现），1958 年"大跃进"时更是将山林无偿交到更大规模的人民公社，在很大程度上打乱了原有的管理秩序。③1961 年实行"四固定"，将上交到公社或大队的山林退回到生产队，归生产队所有。在山林土地的运动过程中，都没有完善的手续，有不少山林是指手为界。④1981～1986 年实行林业"三定"（稳定山林权、划定自留山、确定集体山林管理责任制），又将大部分集体山林的经营权以承包形式分到群众手中。

林业问题较农业复杂。由于政策变革频繁，而且每次变革都不彻底，以致山林权属纠纷频繁发生，成为影响农村社会和谐稳定的一大问题。处理山林土地权属纠纷，黔东南苗族侗族自治州人民政府出台政策明确规定，要求以土地改革、农业合作化、"四固定"和林业"三定"4 个时期形成的历史材料为主要依据。然而在土地改革、农业合作化、"四固定"中，由于工作草率等诸多原因，大多未存留有档案材料；林业"三定"中又因工作赶时间、欠细致等原因，出现很多的错漏。所以，在调查处理山林土地权属纠纷的实际工作中，如果双方都提不出这 4 个时期的档案材料时，就只有翻出旧契约文书来作为依据了。因此，四合院的契约文书在当今处理山林土地权属纠纷中，依然还能发挥其特定作用。20 世纪 80 年代以来，四合院文书就曾先后多次被加池村的干部翻出来提供给上级政府和审判部门用作处理该村在乌什、党样一带与邻村山林权属纠纷（尤其是三板溪电站水库淹没山林权属纠纷）的参考依据。

总之，加池四合院文书是清水江文书的典型和代表。通过这些文书，我们不但可以管窥到清水江文书的概貌，也可以清楚地看到加池苗寨乃至锦屏等整个清水江中下游地区清代中期至民国后期两百年间经济和社会的发展轨迹。而且，我们还可以从中提炼出有益的成分，为当今生态文明建设和农村和谐社会建设提供借鉴和帮助。

山林权属转移文书（下）

龙庚乔培纣杉木栽手断卖契

立断卖栽手杉木约人本寨龙庚乔。为粮食无处所出，自愿将到所栽地主之山，地名培纣[1]。此山之界，上凭水沟至田坎为界，下凭溪，左凭小岭，以庚祖所栽之木为界，右凭买主之山为界，四至分明。此山之木分为五股，地主占三股，栽手占二股。今将本名壹股出卖与姜恩瑞名下承买为业，当日凭中议定价银六钱整，亲手收回应用。其木自卖之后，恁凭买主修理管业，卖主不得异言。倘有不清，拘（俱）在卖主理落，不与买主何干。今恐无凭，立此断卖栽手字约为（据）。

咸丰元年正月二十九日姜开渭笔　立

①培纣，也写作"培周"，苗语意为老虎坡。

立斷賣栽手杉木約人本寨龍庚喬為糧食無處所出自愿將到所
栽地主之山地名培紂此山之界上憑水溝至田坎為界下憑溪左憑小嶺
以庚祖所栽之木為右憑買主之山為界四至分明此山之木分為五股
地主占三股栽手占二股今將本名壹股出賣與
姜恩瑞名下承買為業當日憑中議定價銀六錢整親手收回應用
其木自賣之後任憑買主修理管業賣主不得異言倘有不清
拘在賣主理落不與買主何干今恐無憑立此斷賣栽手字約為

咸豐元年正月二十九日姜開讓筆 立

姜及龙冉皆笼杉木山场断卖契

立断卖杉木山场约人本家姜及龙。为因缺少粮食,无处得出,自愿将到杉木山场乙块,地名冉皆笼,上凭之美之山,下凭光秀之山,左凭开祥之山,右凭买主之山,四至分明。今将凭中出卖与姜宗保名下承买为业。当日凭中议定断价银八钱整,亲手收足。自卖之后,恁从买主上山修理管业,卖主不得异言。倘有不清,俱在卖主理落,不关买主之事。今恐无凭,立此断卖字约为据。

外批:此山分为六股,及龙占乙股。今将及龙乙股出卖。

凭中　姜元芳

代笔　姜明仁

咸丰元年七月初三日　立

立断賣杉木山塲約人本家姜友龍爲因缺少粮食無处得出自
愿將到杉木山塲一塊地名丹皆龍上凸之姜之山[illegible]左抵冲
角祥之山右抵買主[illegible]今將[illegible]出賣與姜[illegible]名下承買
為業當日憑中議定断價銀八兩正親手收足自賣之後恁從買主上山修
理管業賣主不得異言倘有不清俱在賣主理落不関買主之事今恐無
憑立此断賣字約為據

外批此山分為六股友龍占乙股今將友龍乙股出賣

憑中 姜元芳
代筆 姜兆仁

咸豐元年七月初三日 立

姜光秀冉皆笼杉木栽手断卖契

立断卖杉木栽手字人本寨姜光秀。为因缺少艮(银)用,无处所出,自己将到先年所栽冉皆笼之山,上凭三公之山,下凭买主之山,左凭冲,右凭领(岭)。又一处地名番读涌,上凭文堵之山,下凭文堵之山,左凭领(岭),右凭冲。二处之木分为五股,地主占三股,栽手占二股。栽手分为二大股,世运占乙股,光秀占乙股。今日出卖光秀乙股卖与姜宗保[①]名下承买为业。当日凭中议定价银四钱一分,亲手收回。其木任凭买主修理管业,卖主不得异言。恐有不清,卖主理落。口说无凭,立此卖字是实。

代笔　姜兆祥

咸丰二年十二月十七日　立

①姜宗保,即姜恩瑞。

立斷賣杉木栽手字人本寨姜光
秀為因缺少艮用無處所出自己
將到先年所栽冉皆罷之山上憑三
坳之山（下憑四具走之山）左憑冲右憑嶺又一處地名番
讀瑤上憑文堵之山下憑文堵、之山
左憑嶺右憑冲二處之木分為五
股地主占三股栽手占二股栽手
分為二大股世運占一股光秀占一
股今日出賣與光秀一股賣與
姜宗保名下承買為業當日憑中議
定價艮四分一分親手收回其本（木）在憑
買主修理管業賣主不得異言
恐有不清賣主理落口說無憑立此
賣字是實

代筆姜兆祥

咸豐二年卞月廿七日　立

姜凤仪与姜恩瑞等油山分单

立分油山字人本家姜凤仪舞同侄恩瑞。所有祖遗油山，今叔侄自愿均分。姜恩瑞所占地名凶培周①下路乙块、布先右②乙块、培格乙块、冉皆什乙块、也得皆边③乙块、报库乙块、旧右路下乙块，又明教田边乙块，又里丹上报□与上则乙块，姜宗保所占九块，凭中分定。日后不得异言。恐后无凭，立分字为据。又兄培周对面乙块。

凭中　姜开文公

咸丰三年八月十五日　立

①凶培周，也称“松培绍”，苗语意为老虎活动的坡坳，在加池寨头。

②布先右，苗语意为小布先。

③也得皆边，苗语意为口袋田花街边。花街，旧时锦屏地区村寨间用鹅卵石镶砌的道路。

立分油山字人本家姜鳳儀同侄思瑞叔有祖遺油山今叔侄自愿均分姜思瑞叔占地名幽培周下路乙塊布先右乙塊培格乙塊冉皆叶乙塊也得皆处乙塊報庫乙塊蔦右路下乙塊又明教田处乙塊又里丹上報忙与上則乙塊姜宋保叔占九塊凭中分定日后不得異言恐后無憑立分字為據

又幽凡培周对面乙塊

凭中姜阐文公

咸豐三年八月十五日　立

潘大能冉皆笼杉木栽手断卖契

（立断卖）栽手字人中仰寨潘大能。为因要银使用，无处所出，自愿将到栽地主之山，地名冉皆笼，上凭开祥之山，下凭开义之山，左凭福元之山，右凭冲为界。此山地主、栽手分为五股，地主占叁股，栽手占贰股。潘大能将栽手贰股出卖与姜恩瑞名下承买为业。当日凭中议定价钱七百贰拾文，亲手收足，不得短少。恁从买主上山修理，卖主不得异言。恐口难凭，立此卖字存照。

凭中姜开连

咸丰九年三月二十日　亲笔　立

立栽手字人中仰蔡潘大能為因要銀使用無処所出自愿將到栽地主之山地名内皆羅上凭閑梓之山下凭閑義之山左凭福元之山右凭冲為界此山地主栽手分為五股地主占叁股栽手弍股潘大能將栽手弍股出賣与姜恩端名下承買為業当日凭中議定價錢七百弍拾文親手收足不得短少恁從買主上山修理書主不得異言恐口难凭立此賣字存照

凭中姜開連

咸豐九年三月二十日 親筆 立

眼高帛山场分派合同

立合同字人众等。所遗祖业山场壹块，土名眼高帛[1]。其界上凭田，下凭河，左凭冲，右凭岭，今已分清。众等所占上边以作贰拾股管业，并无异言，理宜率循榜样。因先年卖与岩湾客[2]范绍兴、姜兆祥砍伐下河，照契清数，业已过主，系有群分，众等另立合同，各遵管业。日后木植长大成林砍伐下河，照名点数，始分价艮，以免争乱。如有皂占混争者，当神祇共殛。爰立合同各执壹纸永远存照。其名开列于后：

姜世泽、沛清、南乔三人共乙股；姜世道四弟兄共乙股；姜世明占壹股半；姜世昭父子占壹股；世道四家与世元、世招、贵主五伙计[3]共半股；凤仪、恩瑞占乙股；成凤半股分为三小股，显弼占乙小股，世明占二小股；光朝、兆佳占壹股，世明得买兆治半股；世和弟兄占二股；义礼叔侄占乙股，世明得买兆魁半股；开义、义礼二人占半股；凤羽弟兄占二股；开义、沛清占壹股半；开祥占乙股；沛清占壹股；世显、兆珊占二股半。余存壹股分为四小股，开义、沛清叔侄占乙小股。

姜大荣执一纸。

合同贰纸永远存照（半书）

咸丰九年四月初一日　兆瑞笔立

①眼高帛，又写作"冉高迫"或"冉高白"，苗语意为倒姑娘岭，在加池寨脚半坡。

②岩湾客，指岩湾木商。客，亦称山客，旧时也泛指从事木材买卖的商人。

③伙计，旧时指在一起从事某件事情的朋友，这里指一起从事木材贸易的人。

立合同字人众等于遗祖业山场壹块土名眼高
弟世界上凭田下凭河左凭冲右凭岭今已分清
众等于占上边以作贰拾股管业并无异言理宜
率循榜样因先年卖与岩湾客花银兴姜兆祥
砍伐下河照契清数业已过主保罡群分众等另
立合同各蓄发业日后木植长大成林砍伐下
河照名占数股分派以免争乱所罡另占混
争今恐无凭共强立合同各执壹纸永远
存照　共存面对拆后

姜世隆沛清南乔三人共乙股
姜世道四弟兄共乙股
姜世照占壹股半
姜世昭父子占壹股
世道四家每世元世招贵主五轮计共半股
风仪是瑞占乙股
成凤半股分为三小股是弼占乙小股世祥占二小股
光朝兆佳占半股　世明得买兆洛半股
世和弟兄占二股
开文义礼二人占半股
开文沛清占壹股半
沛清占壹股
世显兆珊占二股半

姜大荣执一纸

义礼叔侄占乙股　世明得买兆照半股
凤翔弟兄占二股
开祥占乙股
余存壹股分为四小股开文沛清叔侄占乙小股

[illegible]

咸丰九年四月初一日

兆瑞笔　立

陈正荣冉境山杉木栽手断卖契

立卖栽手杉木字人南怒[1]陈正荣，因无银用，自愿将到先年佃栽加池寨姜开明叔侄地名冉境[2]山壹块。此山栽手、地主五股均分，地主占三股，栽手占二股。界至：上凭田，下凭小岩洞，左凭岭与龙老有所栽之木为界，右凭姜吉瑞[3]之山为界，四至、股数分明。今将名下所占栽手二股凭中出卖与岩湾范锡寿名下承买为业。面议价钱九百八十文整，亲手收回应用。其山栽股之木自卖之后，恁从买主管（业），卖主不得异言。恐后无凭，立卖字为据。

凭中代笔　陈保和

咸丰九年六月初七日　立

①南怒，苗语读为“nán nù”，即今贵州省锦屏县河口乡南怒村，位于清水江北岸，距加池村约3公里，原村址已被电站水库所淹，新村址建在原村址后半坡。2013年全村有158户，720人。住户多系清代中期从湖南及贵州天柱县迁来的佃户。

②冉境，也写作“冉竟”“冉近”等，苗语意为禁木岭，在加池寨脚约800米处。

③姜吉瑞，瑶光村人，清嘉庆年间巨富姜志远之次子，道光后期中文举，能文能武。咸丰年间任清水江地方团练上营总理，颇有家财和权势。

立賣栽手杉木字人南怒陳正榮因無銀用自愿將到先年佃
栽加池寨姜開明叔侄地名冉境山壹塊此山栽手地主五股均分地
主占三股栽手占二股界至上憑田下憑小岩洞左憑嶺與龍老尒所
栽之木為界右憑姜吉瑞之山為界四至股數分明今將名下所占栽
手一股憑中正賣與曹灣
從錫壽名下承買為業面議價銀九百公文整親手收回應用
其山栽股之木自賣之后恁從買主管業賣主不得異言恐后無憑
立賣字為據。

憑中代筆陳保和

咸豐九年六月初七日 立

潘正葵叔侄冉皆笼杉木栽手断卖契

立断卖栽手字人中仰寨潘正葵、侄智发二人。为因家中缺少艮(银)用,无处所出,自愿将到先年栽地主之山地名冉皆笼,上凭世琏、之美等之山,下凭沛清等之山,左凭福元等之山,右凭地主种地之山,四字(至)分明。此山地主、栽手分为伍股,地主占叁股,栽手占贰股。今将栽手贰股出卖与地主姜恩瑞名下承买为业。当日凭中议定价钱捌伯(佰)文,亲手收足,不得短少。日后恁从买主上山修理,卖主不得异言。恐口无凭,立此卖字为据。

凭中　姜开连

笔　姜沛仁

咸丰九年六月十八日　立

立斷賣栽手字人中仰寨潘正葵、任智發二人為因家中缺少銀用無處所出自愿將到先年栽地主之山地名冉皆罷上憑中連之美等之山下憑沛清等之山左憑福元等之山右憑地主界地之山四字分明此山地主栽手分為伍股地主占叁股栽手占弍股今將栽手弍股出賣與地主姜恩瑞名下承買為業當日憑中議定價錢捌伯文親手收足不得短少日後任從買主上山修理賣主不得異言恐口無憑立此賣字為據

憑中 姜開連

筆 姜沛仁

咸丰九年六月十八日 立

显节山场股份分单

立分清单字人姜克顺、克祯叔侄、凤仪、恩瑞、恩茂叔侄。所有公山壹块，地名显节[①]，上凭拖木路[②]为界，下凭土坎与光秀之共山为界，左凭毓菁、钟碧之共山以栽岩为界，右凭洪，四至分清。其有此山之土股分为叁大有股，凤仪叔侄得买岩湾寨范姓之木贰大股，克顺贞叔侄得范姓之壹大股。恐后契纸难寻，照此清单均分，立此永远存照。

克顺笔　立

咸丰九年十二月初一日　立

各家执一纸

外批：凤仪叔侄之二大股恩瑞名下占一大股，凤仪、恩茂二人占一大股。

①显节，也写作“显则”“行责”“显姐”等，苗语意为形如下巴状的陡山坡，在党样附近，距加池约4.5公里。

②拖木路，拖木，旧木木材山间平地运输的一种方式。用钉牛（一头尖如锲，一头套铁环，环上捆粗索）钉住木头根部，两人用木杠平行拖着前进。拖木路，专供拖木用的浅漕，多设在地势较平缓的地方。

立分清單字人姜順堯、堯禎叔侄鳳
儀、恩瑞、恩葳叔侄所有小山坐塊地
名號節上憑掩水路為界下憑土
坎南堯秀之共山為界左憑毓菁
鐘碧之共山以栽岩為界右憑洪
四至分清其有此山之土股分為叁
大股鳳儀叔侄得買岩灣寨范姓
之木武大股堯順叔侄得范姓之壹
大股恐後無憑立此清單均
分立此永遠存照

堯順筆立

咸豐九年十二月初一日　立

各家執壹

外批鳳儀叔侄之二大股恩瑞名下占一大股，鳳儀恩
葳二人占一大股

姜贤松冉乜熙杉木栽手断卖契

立断卖栽手杉木契人本房姜贤松。为因费用不足，自愿将到先年所栽凤仪伯侄之山贰块，地名冉乜熙①，路坎上壹块界趾（址）：上凭开书之山，下凭卖主之山，左凭世元、开义之山，右凭世道之山为界，四至分明。此山土栽分为伍股，土主占叁股，栽手占贰股，福元公占壹股，本名占壹股出卖；又乙块地名从素路坎上，界限：上凭开仕、凤飞二人之山，下凭岩硐，左凭世道之山，右凭开文、凤仪叔侄共山，四至分清。此山土栽亦分作伍股，土主占叁股，栽手占贰股。此山栽手本名全占。今贰处之栽手凭中出断与本房孙姜恩瑞名下承买为业。当日凭中三面议定价钱玖佰文，亲领应用。其山栽手自卖之后，任凭买主上山修理管业，卖主不得异言。恐口难凭，爰立断卖字存照。

凭中侄　姜凤冠

代书兄　姜玉昌

咸丰玖年拾二月廿陆日　立

①冉乜熙，也写作“冉里熙”、“冉理熙”，苗语意为新开田的山岭，在加池西南边1.5公里许。

立断卖栽手杉木契人本房姜贤松，今因要用[illegible]
到先年佃栽姜凤仪伯侄之山式块，地名冉也踏坎上壹块，[illegible]
上凭开书之山，下凭卖主之山，左凭世元、开义之山，右凭世道[illegible]
界，四至分明。此山土栽分为伍股，土主占叁股，栽手占贰股，[illegible]
占壹股，本名占壹股，出卖又一块，地名眼素踏坎，上界限卫凭司
仕凤、飞云二人之山，下凭岩硐，左凭世道之山，右凭开文、凤仪叔侄、英[illegible]
四至分清。此山土栽亦分作伍股，土主占叁股，栽手占贰股。此山栽[illegible]
本名应占今式股之栽手，凭中出断卖与本房姜兴瑞
名下承买为业，当日凭中三面议定价钱玖伯文，亲领应用，自
栽手自卖之后，任凭买主上山修理、蓄业，卖主不得异言，恐口无凭，
爰立断卖字存照。

凭中侄　姜凤冠
代书兄　姜玉昌

咸丰玖年拾二月廿陆日　立

姜凤智刚道杉木山场断卖约

立断卖杉木约人本家姜凤智。为因缺少粮食，无处得出，自愿将到杉木壹块，地名刚道，界止：上凭世明之山，下凭冲，左凭沛清之山，右凭世明之山。此山分为五股，地主占三股，栽手占二股。栽手又分为三小股，凤智占乙小股。又将到党在一块，分为六股，凤智占乙股，上凭买主之山，下凭冲，左右凭冲，四至分明。今将请中出卖与姜恩瑞名下承买为业，当日凭中议定断价钱壹千七百文，亲手收足。自卖之后，恁凭买主上山修理管业，卖主不得异言。倘有不清，俱在卖主理落，不关买主之事。今恐无凭，立此断卖字约为据。

外批：土股、栽股出卖。

姜□　代笔

咸丰十年五月廿六日　立

立断卖杉木约人本家姜凤智为因缺少粮食无
处得出自愿将到杉木壹块地名刚道界止上凴世明
之山下凴冲左凴沛请之山右凴世明之山此山分为五股地
主占三股栽手占二股栽手又分为三小股凤智占乙小股又
将到党在乙块分为六股凤智占乙股上凴买主之山下
凴冲左右凴冲四至分明今将请中出卖与姜恩瑞名下承买
为业当日凴中议定断价钱壹千七百文亲手收足自卖之
后恁凴买主上山修理管业卖主不得异言倘有不清俱在卖
主理落不関买主之事今恐无凴立此断卖字约为据

外批土栽股股出卖

姜必名代笔

咸丰十年五月廿六日立

姜开仕皆从套杉木断卖契

立断卖杉木约人本家姜开仕。为因缺少银用,无处得出,自愿将到皆从套[1]杉木乙块,比(此)山界至:上凭世明之山为界,下凭冲,左凭岩洞,右凭世明之山为界,四至分明。比(此)山地主栽手分为五股,地主占叁股,栽手占二股。栽手二股分为叁股,开仕占乙股;地主叁股分为陆股,开仕占乙股。今将二股出卖与姜恩瑞名下承买为业,当日凭中议定价艮(银)四钱五分整,亲手收回应用。自卖之后,恁凭买主修理管业,卖主不得异言。倘有不清,居(俱)在卖主理落,不与买主何干。恐后无凭,立此断卖字为据。

凭中　姜丙生

咸丰拾年八月初叁日　亲笔　立

①皆从套,苗语指刚套冲的下边。

立斷賣杉木約人本家姜開仕為因缺少銀用無處
得出自己將到皆從蓑杉木乙塊此山界至上憑世明之山
為界下憑冲左憑岩洞右憑世明之山爲界四至分明此山地主
栽手分為五股地主占叁股栽手占二股栽手二股分爲叁股開
仕占乙股地主叁股分為陸股開仕占乙股今將二股出賣與
姜恩瑞名下承買為業當日憑中議定價艮四兩伍分整親手收
回應用自賣之後恁憑買主修理管業賣主不得異言倘有
不清居在賣主理落不與買主何干恐後無憑立此斷賣字為
據

憑中姜丙生

親筆 立

咸豐拾年八月初叁日

范锡寿冉竟杉木栽手断卖契

立卖栽手杉木约人岩湾寨范锡寿。因缺少费用，无出，自愿将到先年得买南怒陈正荣佃买主之山壹块，土名冉竟。此山栽手、地主分为五股，地主占叁股，栽手占贰股。界至：上凭田，下凭小岩洞，左凭岭以买主得买党兄龙老三所栽之木为界，右凭冲为界，股数界至分明。今将名下得买陈姓栽手贰股凭中出卖与加池寨地主姜恩瑞名下承买为业。凭中三面议价钱捌百捌拾文正，亲手收用。其木自卖之后，恁从买主修理管业，卖主父子不得异言。今恐人心不古，立此卖字为据。

内添二字。老约呈拨。

凭中　姜大荣

咸丰十年十二月初二日　锡寿亲笔　立

此山在冉见，界址：上凭田，下凭小岩洞，左凭岭，右凭平仁之山①。

①此为另外粘纸条所批。

立賣栽手杉木約人岩灣寨范錫壽因缺少費用無出自愿將
到先年得買南怨陳正榮佃買主之山壹塊土名冉覚此山栽手地主分
為五股地主占叁股栽手占弍股界至上憑田下憑小岩洞左憑山嶺以
買主得買党兄龍老三所栽之木為界右憑冲為界股數界至分明
今將名下得買陳姓栽手弍股憑中出賣與加池寨地主
姜恩瑞名下承買為業憑中三面議價錢捌百捌拾文正親手收用其
木自賣之後恁從買主修理管業賣主父子不得異言今恐
人心不古立此賣字為據

內添二字

老約呈拨　　　　憑中　姜大榮

咸豐五十年十二月初二日　錫壽親筆　立

姜福元叔侄青杠树卖契

立卖青杠树契人本房姜福元叔、贤松叔侄二人。为因费用不足，无处出取，自愿将到开祥兄屋砍（坎）上青杠木壹株，今凭中出卖与本房姜克顺贞、沛清、恩瑞四人名下承买为业。当日凭中三面议价谷五十四斤，亲领应用。此木分为叁股买，克顺贞弟兄占壹股，沛清弟兄占壹股，恩瑞占壹股。叔侄自卖之后，恁从买主管业，卖主不得异言。今欲有凭，立此卖字存照。

中笔　姜玉昌

咸丰拾年十二月十九日　立

立卖青杉树契人本房姜福元叔侄二

人，为因费用不足，无处出取，自愿将到岡祥兄

屋欧上寺杉木壹株，今凭中出卖与本房

姜克（祖顺）沛清、恩瑞三人名下承买为业，当日凭中三面

议价谷平[illegible]亲领应用。此杉木分为叁股，买克顺弟

兄占壹股，沛清弟兄占壹股，恩瑞占壹股。叔侄自卖

之后，凭从买主发业，卖主不得异言。今欲有凭，立

此卖字存照。

中笔 姜玉昌

咸丰拾年十二月十九日 立

姜皮松弟兄冉理熙杉木栽手断卖契

立卖□□木约人本房姜皮松[①]、平松弟兄二人。为因家中缺少银用,无处□□□愿将到地名冉理熙栽木乙块,其有界至:上凭地主,下凭皮松弟兄之山,左凭世道之山,右凭开义之山为界,四至分明。此地主、栽手分为二股,地主占乙股,栽手占乙股。此栽手乙股分为二小股,皮松弟兄占乙股。今将本名乙股出卖与地主姜宗保名下承买为业。当日三面议定价钱五百文整,亲手收足应用。其木自卖之后,恁凭买主修理管业。倘有不清,俱在卖主理落,不与买主之事。恐口无凭,立此卖杉木为据。

凭中代笔　姜开祥

咸丰拾壹年十月十七日　立

①姜皮松,应为姜培松,“皮”系“培”字之误。旧时加池带苗语方言,“皮”与“培”字音相近。

立賣杉木約人本房姜皮松平松弟兄二人為因家中缺少銀用
無出愿將到地名冉理坵栽木乙塊其有界止上憑地主下憑皮
松弟兄之山左憑世道之山右憑開義之山為界四至分明此地主栽手分為
二股地主占乙股栽手占乙股此栽手乙股分為二小股皮松弟兄占乙股今
將本名乙股出賣與地主
姜宗保名下承買為業當日三面議定價錢五百文親手收足應
用其木自賣之后統憑買主修理管業倘有不清俱在賣主理落
不與買主之事恐口無憑立此賣杉木為據

憑中代筆姜開祥

咸豐拾壹年十月十七日 立

王老大父子眼垢皁杉木断卖约

立断卖杉木字约人本寨王老大父子六人。为因缺用无出，自愿将土名眼垢皁杉木壹块，此山分为五股，买主占地三股，卖主占栽贰股。上凭洪，下凭大荣之山，左凭大荣之山，右凭洪，四致(至)分明。又将土名培教杉木乙块，其山分为五股，地主叁股，栽主贰股。上凭绍清油山脚，下凭故宗周杉山，左凭新春之杉木，右凭世道之杉木。又将土名曰匡[①]杉木乙块，其山分为五股，地主占叁股，栽手占贰股，上凭克顺杉木，下凭岩梁，左凭故宗周[②]之杉木，右凭荒岭以下，四致(至)分明。王姓父子今将叁处栽手共陆股出断卖与姜恩瑞名下存买为业，当日凭中议定断价钱伍千文整，父子亲手领钱应用。其山自断之后，任凭买主蓄禁修理管业，日后父子外人不得异言。今欲有凭，立此断卖字永远存照。

凭中　姜丙生

笔　王有道

咸丰拾壹年拾月廿二日　立断

①曰匡，也写作“耶强”“衣降”“衣强”“曰强”等，苗语意为弯长的石块。曰，苗语意为石头；匡，苗语意为弯曲。

②故宗周，意为宗周公。故，苗语意为老公公。

立断賣杉木字约人本寨王老大父子六人為因
缺用無出自愿将土名眼坧阜杉木壹塊北
山分為五股買主占栽貳股上
憑洪下憑大榮之山左憑大榮之山右憑洪四致
分明又将土名培敖杉木乙塊其山分為五股地主叁
股栽手貳股上憑绍清由山脚下憑故宗周杉山左憑新
春之杉木右憑世道之杉木又将土名曰匡杉木乙塊其山分為
五股地主占叁股栽手占貳股上憑克順杉木下憑岩樑
左憑故宗周之杉木右憑荒嶺以下四致分明王姓父子今将叁
處栽手共陸股出断賣与
姜恩瑞名下承買為業當日憑中議定断價錢伍千文整父子
親手領錢應用其山自断之後任憑買主蓄禁修理管業日後父子
外人不得異言今欲有憑立此断賣字永远存照

憑中 姜丙生
筆 王有道

咸豐拾壹年拾月廿二日 立断

姜开祥弟兄培格油山断卖契

立断卖油山约人本房姜开祥、贵生弟兄。为因缺少银用，无处得出，自愿将到地名培格油山乙块，界限：上凭沛清油山，下凭贤松杉木，左凭沛清，右凭领（岭），四至分明。此山分为二大股，宗保名下占乙股，开祥弟兄占乙股。今将弟兄乙股出卖与姜宗保名下承买为业。当日凭中三面议定谷乙百四十斤整，亲手收足应用。自卖之后，恁凭买主修理管业，卖主不得异言。倘有不清，俱在卖主理落。今恐无凭，立此断卖油山为据。

凭中　姜开连

亲笔　姜开祥

同治二年四月二十五日　立

立断賣油山約人本房姜開祥貴生弟兄爲因缺少艮用無處得出自愿將到地名培格油山乙塊界限上凭沛清油山下凭路松杉木左凭沛清右凭頭四至分明此山分爲二大股宗保名下占乙股開祥弟兄占乙股今將弟兄乙股出賣與姜宗保名下承買爲業當日凭中三面議定谷乙百四十斤正親手收足應用自賣之后任凭買主修理管業賣主不得異言倘有不清俱在賣主理落今恐無凭立此断賣油山爲據

凭中姜開連
親筆姜開祥

同治二年四月二十五日　立

姜凤飞培显则山场杉木断卖契

立断卖山场杉木字人本房叔凤飞。为因缺少良(银)用,无处所出,字(自)愿将到山场杉木乙块,地名培显则。此山界趾(址):上凭洪,下凭河,左凭冲,右凭沛清、名卿[1]之山为界,四字(至)分清。地主、栽手分为五股,地主占叁股,栽手占贰股。地主叁股分为拾贰股,本名占乙股。今将出卖与本房侄恩瑞名承买为业。当日凭中议定价钱贰千八十文,亲手收回应用。自卖之后,恁凭买主上山修理管业,卖主父子不得多言。恐口难凭,立此断卖字为据。

凭中　姜凤至

同治贰年六月廿五日父亲笔　立

①名卿,即姜名卿,文斗上寨人,清嘉庆年间巨富姜仕朝之曾孙,时任清水江地方团练中营总理,颇有权势。

立断賣山場杉木字人本房姜鳳
飛為因缺少艮用無從所出，自愿將
到山場杉木乙塊，地名培显則只坡山，
界趾上凭洪，下凭河，左凭冲，右凭
沛清、名卿之山為界，四字分清。此山主
栽手分為五股，地主占叁股，栽手占
弍股。地主叁股分為拾弍股，本名占
乙股，今將出賣與本房姜恩瑞名
下承買為業。當日凭中議定價
錢弍千八十文，親手收回應用。自
賣之後，憑凭買主上山修理管業，
賣主父子不得多言。恐口無凭，立
此断賣字為據。

凭中 姜鳳至

同治弍年六月廿五日 父親筆 立

姜凤至培鸠皆礼乌杉木山场断卖契

立断卖杉木山场约人本家姜凤至。为因缺少粮食,无处得出,自愿将到杉木山场乙块,地名培鸠皆礼乌①,上凭买主之田,下凭溪,左凭岩洞,右凭买主之山。此山分为伍股,地主占三股,栽手占二股。地主三股又分为三十小股,凤至占乙小股,四至分明。今将凤至乙小股出卖与姜恩瑞名下承买为业。当日凭中议定断价钱七百五十文,亲手收足。自卖之后,恁凭买主修理管业,卖主不得异言。倘有(不)清,俱在卖主理落,不关买主之事。今恐无凭,立此断约为据。

内添乙字。

凭中代笔　姜明仁

同治二年七月十六日　立

①培鸠皆礼乌,苗语意为培鸠水田下边(乌漫溪边),在加池西南1.5公里处。

立断賣杉木山塲約人本家姜鳳至為因缺少粮食
無延得出自願將到杉木山塲一塊地名培鳩皆礼烏上邊
主之田下邊溪左邊岩洞右邊買主之山此山分為伍股
地主占三股栽手占二股地主三股又分為二十小股鳳至
占八小股四至分明今將鳳至山小股出賣與姜恩瑞名
下承買為業當日憑中議定斷價錢七百五十文親手收足
自賣之後恁憑買主修理管業賣主不得異言倘有清
俱在賣主理落不關買主之事今恐無憑立此斷約為
據

内添一字

憑中代筆姜明仁

同治二年七月十六日立

姜开仕叔侄刚套冲山场杉木断卖契

立断卖山场杉木约人本家姜开仕、文、侄凤至。为因地基过卖与姜世泰[1]，地名衣载[2]，蒙中改劝[3]，叔侄自愿将到地名刚套冲山场杉木乙块，此山分为三股，克顺占乙股，凤仪伯侄占乙股，开文伯侄占乙股。此山界至：上凭沛清之山，下凭冲，左凭大荣之山，右凭地平（坪）为界，四至分明。今出补与姜凤仪伯侄叁人名下承补为业。自补之后，恁凭伯侄修理管业，弟兄伯侄不得异言。倘有不清，居（俱）在卖主理落，不关买主之事。恐后无凭，立此断卖字为据。

外批：栽手在外[4]。

凭中　姜开周、兆章

同治二年七月十九日　开仕笔立

①因地基过卖与姜世泰，指姜开仕叔侄将姜凤仪叔侄有股份的地基出卖给姜世泰，以致姜凤仪等出来争议，姜开仕方将刚套山场补偿与姜凤仪等。

②衣载，苗语意为石头屋。衣，苗语意为石头；载，苗语意为房屋。

③改劝，即解劝。锦屏方言"解"读成"改"音。

④栽手在外，指姜开仕叔侄所卖的刚套冲山场杉木还有其他人的栽手股份，此次出卖并不包括栽手。

立断賣山塲[illegible]約人本家姜開仕侄鳳至為[illegible]

地基通賣與姜[illegible]泰地名衣載蒙中段蘿[illegible]

憑將到地名剛養冲山塲杉木乙塊此山分為叁股克[illegible]

順占乙股鳳儀伯侄占乙股開文伯侄占乙股此山界限上憑

[illegible]沛清之山下憑冲左憑大荣之山右憑地平為界四至分明

今出補與

姜鳳儀伯侄叁人名下承補為業自補之後任恁憑伯侄修

理管業弟兄伯侄不得異言倘有不清居在賣主理落不

關買主之事恐後無憑立此断字為據

外批載手在外

憑中姜開周 兆章

同治二年九月十九日

開仕筆立

姜开望冉宠山土断卖契

立断卖土木山场约人本寨姜开望。为因先年所卖培格之木不清，今凭中自愿将到地名冉宠[1]一块，此山分为五股，栽手二股，地主三股。三股分为四股，名下占乙股。界限：上凭大路，下凭沟，左凭岭，右凭光秀之山。右（又）将到冉谷在遇昌油山却乙块，上凭油山，下凭溪，左凭小冲，右凭芳平（荒坪）角至冲为界。此山分为五股，地主占三股，栽手占二股。地主三股分为四股，名下占乙股；栽手二股，名下占乙股。今将出卖姜凤仪、中保、中发三人名下承买为业，凭中定价谷五十斤。恐口无凭，立此断卖山场为据。

凭中　姜开仕　亲笔立

同治二年九月二十三日　立

①冉宠，苗语译音，意为漏水田山岭，在加池寨脚半坡，已被电站水库淹没。

立断賣杉山場約人本寨姜開
望為因先年所賣培格之木不
清今憑中自愿將到地名冉龍
山境此山分為五股栽手二股地主占三
股[illegible]三股分為四股名下占山股
界限上憑大路下憑溝左憑嶺
右憑光秀之山右將到冉谷在邊
昌油山邵山境上憑油山下憑溪左
憑小冲右憑[illegible]角至冲為界
此山分為五股地主占三股栽手占二股
地主三股分為四股名下占山股栽手
二股名下占山股今將出賣姜[illegible]儀
中保中發三人名下承買為
業憑中議定價谷五十五斤恐
口無憑立此斷賣山場為據
憑中姜開仕親筆立
同治二年九月二十二日 立

姜凤仪皆也乌山场杉木断卖契

立断卖山场杉木约人本家姜凤仪。为因喜事要艮用度，无处得出，自愿将到山场杉木乙块，地名皆也乌，此山土栽分为五股，地主占叁股，栽手占贰股。地主三股分为叁拾股，本家共占贰拾壹股，本名其下占五股贰零五。其山界至：上凭买主山上至沟田为界，下凭溪、凭老木卅于（余）株为（界，不）[1]知谁人的，左凭岩洞，右凭田中间与卖主四家之山与小毫[2]为界，四至分清。凭中出卖与 姜恩瑞名下承买为业。凭中议定价银三两乙钱五分，亲手收用。自卖之后，恁凭买主修理管业，卖主父子不得异言。倘有不清，俱在卖主理落，不干买主之事。恐后无凭，立此断卖约存照。

内添“与卖主四家之山与”乙句。

凭中　姜凤致

同治贰年十月初五日　亲笔　立

皆里污山得买姜凤仪之股概出卖为业[3]。

①括号中疑为原契所漏掉的字。

②小毫，即小冲。

③此为后人另外粘纸条所批。

立斷賣山場杉木約人本家姜鳳儀
因喜事要長用度無處得出自願將到
山場杉木乙塊地名皆日也鳥此山土栽分爲
五股地主占叁股栽手占貳股地主三股分
爲叁十股地本家共占貳拾壹股本名某下
占五股貳零五某山界至上凭買主山上至渠四爲界
下凭溪凭老木卅於株爲知誰人的左凭占洞右
凭田中間每賣主西家之山每小衣毛爲界四至分清凭中出賣與
姜恩瑞名下承買爲業凭中議定斷價銀叁兩乙
五分親手收用自賣之後凭買主修理管業賣
主父子不得異言倘有不清俱在賣主理落不干買
主之事恐后無凭立此斷賣約存照
內添每賣主四家之山每乙白
凭中姜鳳致
同治弍年十月初五日 親筆 立

皆占污什溪山场股份清单

立分皆占污什两边溪之清单。此山分为六大股,起龙公占壹大股分清,余五大股:明仁、显弼叔侄得买文德壹大股;凤仪、恩瑞叔侄得买生兰之壹大股,又得买番绞与道文壹大股;克顺弟兄各占主(祖)业壹大股,又得买文玉、文盛弟兄之壹大股。此壹大股又分为贰小股,克顺弟兄得买文玉父子壹小股,余文盛父子壹小股又分为肆小股,克顺弟兄得买开相弟兄之叁小股,余奉生之壹小股因一业卖两主故,克顺、凤仪二比自愿将着五股均分,凤仪叔侄占贰小股,克顺弟兄占三小股。以上股数分清,免后争论。恐口无凭,立此分单为据。

外批:此山佃字在道宗存,佃内世道之股分清,余我等之股在此分单分清。其有起龙所占之壹大股又分为六小股,凤仪叔侄得买开望之壹小股半,唐东学礼得买四股半。凤仪存一张。

同治二年十二月十六日 顺笔 立

注:此份文书系抄件。

五房皆照依什两之清单将山分为六大股，起龙
公作壹大股，分清余伍大股，明仁、显弼、叔任得买文德
壹大股，凤仪、思瑞、叔任得买生兰之壹大股（壹大股）（又清买潮□之壹大股，尧顺）
弟兄□□王业壹大股，又得买文玉、文盛弟兄之
壹大股，将壹大股又分为贰小股，尧顺弟兄得买奎
文子壹小股，余文盛、文子壹小股，又分为肆小股，尧顺
弟兄得买润相弟兄之叁小股，余奉生之壹小股
阖一业两立，故尧顺、凤仪二比再愿将五股
均分，凤仪叔侄占贰小股，尧顺弟兄占叁小股，以上
股数分清，免后争论，恐口无凭，立出分单为据。
外批：此山伯字在道家存，伯两世道之股分清，余批
当之照在契分单分清
其有起龙、显照之壹大股又分为六股，凤仪、叔侄得买
润堂之壹小股半，庚东、孝礼得买壹小股半　凤仪在一内

同治二年十二月十六日　　顺笔　立

姜开仕皆理污山场杉木断卖契

立断卖山场杉木约人本家姜开仕。为因缺少用度，无处得出，自愿将到山场杉木乙块，坐落地名皆理污。此山界限：上凭买主，下凭溪，左凭岩洞，右凭买主。此山地主、栽手分为五股，地主占三股，栽手占二股。地主三股分为三十股，本名占乙股。今将本名乙股出卖与姜恩瑞名下承买为业。当日凭中议定价钱七伯（佰）文整，亲手收足应用。自卖之后，恁凭买主修理管业，卖主不得异言。今恐无凭，立此断卖字为据。

凭中　姜开书

同治二年十二月二十六日　亲笔　立

皆里污得买本家姜开仕太祖之一团①。

①此行字为后人在原契上另外粘纸条所批。

立断賣山場杉木約人本家姜開仕爲因缺少用度無處得出自愿將到山場杉木山塊坐落地名皆理活此山界限上凴買主下凴後右凴岩洞右凴買主此山地主栽手分爲五股地主占三股栽手占二股地主三股分爲三十股本名占二股今將本名股出賣與

姜恩瑞名下承買爲業當日憑中議定價錢七伯文整親手收足應用自賣之后凴買主修理管業賣主不得異言今恐無凴立此断賣字爲據

憑中姜開书

親筆 立

同治十一年十二月二十六日

姜开文父子皆野呼山场杉木断卖契

立断卖山场并栽手杉木契人本家姜开文父子。为因费用不足，无处得出，自愿将到山场壹块，地名皆野呼[①]。此山界趾（址）：上凭买主之田，下凭溪，左凭岩洞，右凭买主之山，四至分清。此山土栽分为伍股，地主占叁股，栽手占贰股。此地主叁股又分为叁拾股，开文父子占壹小股。今将出卖与 姜恩瑞名下承买为业。当日凭中议定价艮（银）伍钱六分整，亲手收回应用。恐后无凭，立此断字存照。

笔中 姜克顺

同治二年十二月廿八日 立

①皆野呼，即皆里乌或皆也污，苗语意为水田脚。

立断賣山場並栽手杉木契人本家姜開文父子，為因費用不足，無處得出，自愿將到山場壹塊，地名皆野呼，此山界趾上憑買主之田，下憑溪，左憑岩洞，右憑買主之山，四至分清。此山土栽分為伍股，地主占叁股，栽手占贰股。此地主叁股又分為叁拾股，開文父子占壹小股，今將出賣與姜恩瑞名下承買為業。當日憑中議定價銀肆兩六分，忠親手收回應用。恐後無憑，立此断字存照。

憑中筆 姜克顺

同治二年十二月廿八日 立

姜平松弟兄乌漫杉木栽手断卖契

立断卖山场栽手杉木约人本房姜平松、贤松弟兄二人。为因缺少粮食，无处所出，自愿将到地名污漫杉木乙块，界限：上凭光秀，下凭岩洞与玉连之山，左凭小冲，右凭冲，四至分明。此山地主、栽手分五股均分，地主占三股，栽手占二股。地主三股分为二大股，买主占乙股，弟兄二人一股，与栽手出卖姜恩瑞名下承买为业。当日三面议定价钱乙千二百文，亲手收回。自卖之后，恁凭买主修理管业，卖主不得异言。倘有不清，俱在卖主理落，不与买主之事。恐口无凭，立此卖杉木为据。

外批：山场二股，买主占乙股。内徒（涂）六字。

凭中代笔　姜开祥

同治三年六月初十日　立

注：此契于民国二年（1913 年）八月十九日经黎平县验换贵州财政厅格式断卖契，契号第捌佰贰拾陆号。

字第　外一百貳合抬　虎産　價艮八錢

立斷賣山塲栽手並杉木約人本房姜平松□松弟兄二人為因缺
少粮食無處所出自愿將到地名污溪杉木乙塊界限上憑嶺下
憑岩洞與王連之山左憑小冲右憑冲四至分明此山地主栽手分五股均
分地主占三股栽手占二股地主三股分為二大股賣主占乙股弟兄二
人乙股與栽手出賣
姜恩瑞名下承買為業當日三面議定價銀乙千二百□兩親手收回
自賣之后任憑買主修理管業賣主不得異言倘有不清俱在賣
主理落不與買主之事恐口無憑立此賣杉木為據

外批山塲二股買主占乙股□□□股存□

內徒六字

憑中代筆姜開祥

同治三年六月初十日　立

姜凤飞皆版党家山场杉木断卖契

立断卖山场杉木字人本寨姜凤飞。为因缺少钱用，无处所（出），自愿将到皆版党家[1]山场乙块，界止：上凭培刚之山，下凭溪，左凭大冲，右凭洪口凤至之山，四字（至）分明。今将出卖与姜恩瑞承买为业。凭中议定钱乙仟贰百文，亲手收足。此山分为拾贰股，本名占乙股出卖。倘有不清，俱在卖（主）理落，不关买主之事。恐后无凭，立此断字为据。

（凭）中　凤至

同治三年七月初四日父亲笔　立

①皆版党家，苗语译音，意为唱歌坪下边的盘坡，已被电站水库所淹。

立断賣山塲杉木字人本寨
姜鳯飛為因缺少錢用無
處所自愿将到皆版党家山
塲乙塊界止上凴培剛之山
下凴溪左凴大冲右凴洪口
鳯至之山四字分明今将出
賣與　姜恩瑞承買為
業凴中議定錢乙仟三百文
親手収足此山分為拾弍股本
名下乙股出賣倘有不清俱
在賣主理落不閔買主之事
恐後無凴立此断字為據
同治三年七月初四日父親筆　中鳯廷　立

山林权属转移文书(下)

姜开绪冉皆龙杉木断卖契

立断卖杉木约人本寨姜开绪。为因缺少钱用,无处所出,自愿将到地名冉皆龙杉木乙块,上凭买主,下凭岩洞,左凭冲,右凭岭,四自(至)分明。此山分为五股,地主占叁股,栽手占贰股。本名将栽手乙股出卖与姜恩瑞名下承买为业。当日凭中议定价钱三伯(佰)文,亲手收回应用。自卖之后,任凭买主修理管业,卖主不得异言。今恐无凭,立此断卖为据。内添伍字。

同治三年十二月十八日开化笔　立

立断賣杉木約人本寨姜開緒為因缺少
手用無處所出自愿將到地名冉皆龍杉木
山塊上凭買主下凭岩洞左凭冲右凭山嶺四自
分明此山分為五股地主占叁股栽手占貳
股本名將栽手山股出賣與　姜恩瑞名下承
買為業當日凭中議定價錢三伯文親手
收回應用自賣之后任凭買主修理管
業賣主不得異言今恐無凭立此斷賣為據

内添伍字

同治三年十二月十八日開化筆　立

龙丁酉叔侄党秧杉木栽手断卖契

立断卖栽手契人党秧龙丁酉叔侄为因缺少艮(银)用,无处得出,自愿将到前先所栽主家之山壹块,地名党秧,小地名兄榜开[①],在重宝田角。此山土栽分为五股,地主占叁股,栽手占贰股。此山上凭文盛,下凭廷才,左凭大荣叔侄之山,右凭岭以大荣叔侄之山为界,四至分清。今将栽手贰股出卖与主家姜凤仪、恩瑞、恩茂三人名下承买为业,当日凭中议定价大钱壹千叁伯(佰)文,亲手领足应用,不得欠少。倘有不清,俱在卖主理落,不关买主之事。恐后无凭,立此卖字为据。

外批:栽手分为四股,恩瑞买叁股,凤仪、恩茂买一股。

凭中　龙文明

代笔　姜兴周

同治五年七月二十日　立

①兄榜开,苗语意为像箭一样直去的山冲。

立斷賣栽手契人党秧龍丁酉叔侄為因缺少艮用無處得

出自願將到前先地栽主家之山壹塊地名党秧小地名兄榜沖

在董寶田角此山土栽分為五股地主占叁股栽手占弍股此山上凭文

盛下凭廷才左凭大榮叔侄之山右凭嶺以大榮叔侄之山為界四至分

清今將栽手弍股出賣与主家姜鳳儀、恩瑞、恩葳三人名下承買為

業當日凭中議定價錢壹千叁伯文親手領足應用不得欠少倘有不清

俱在賣主理落不関買主之事恐后無凭立此賣字存據

外批：栽手分為四股，恩瑞買叁股，

鳳儀、恩葳買一股

凭中　龍文明

代筆　姜興周

同治五年七月二十日　立

姜开望断卖皆于杉木契

立断卖杉木约人本寨姜开望。为因缺少银用,无处得出,自愿将到皆于①买主田坎下亲手栽木六根,出卖姜恩瑞名下为业,当面议定价钱二伯(佰)文,亲手收用。恁从买主管业,卖主不得异言。今恐无凭,立此断字为据。

凭中　姜杨兴

亲笔立

同治五年十二月二十六日　立

①皆于,即皆梨,苗语意为杨梅树脚。

立断賣杉木約人本寨
姜開望為因缺少銀
用無處得出自愿
將到皆於買主田坎
下親手栽六根出賣
姜恩瑞名下為業當
面議定價永二佰文親
手收用恁從買主管業
賣主不得異言今恐
無凴立此斷字為據

凴中姜楊吳

親筆立

同治五年十二月二十六日 立

姜开朝岗套岭杉木栽手卖契

立卖栽手字人本房姜开朝。为因缺用，无处得出，自将愿到栽手壹块，地名岗套岭上中间，趾（址）界：上凭平行松[1]之山，下凭大荣之山，左凭开祥之山，右凭大荣、沛清之山为界，四至分清。此山土栽分为五股，地主占三股，栽手占贰股。今将本名所占栽手贰股出卖与姜恩瑞名下承买为业，当日凭中议定价大钱[2]四伯（佰）八十文，亲手收足应用。此山自卖之后，任凭买主修理管业，卖主不得异言。恐后无凭，立此卖字为据。

中笔　姜克顺

同治六年七月二十二日　立

①行松，应为“神宗”，加池地方旧时读“神”字为“行”音。

②大钱，清咸丰年间所铸造的劣质铜、铁货币。如，铜大钱额面规定每枚等于制钱一千文，作为金属货币，其金属比价实际只等于制钱三十八文。

立賣栽手字人本房姜開朝為因缺用無處得出自將懇到栽手壹塊地名岩崗寨嶺上中間路界上憑行松之山下憑大榮之山左憑開祥之山右憑大榮沛清之山為界四至分清此山土栽分為五股地主占三股栽手占弍股今將本名該占栽手弍股出賣與姜恩瑞名下承買為業當日憑中議定價大錢四伯八十文親手收足應用此山自賣之後任憑買主修理管業賣主不得異言恐後無憑立此賣字為據

中筆姜堯順

同治六年七月二十二日立

姜凤至穷套山场卖契

立断卖山场约人本家姜凤至。为因要银用度，无处所出，自愿将到祖遗之山，地名穷套冲边之山。其木先卖与买主。今土股分为六股，凤至名下占土股乙股，今将土（股）乙股出卖与姜恩瑞名下承买为业，凭中议定价铜钱六百文，亲手收回应用。自卖之后，恁凭银主管业，卖主不得异言。恐后无凭，立此断山场杉木永远存照。

批：山界趾（址）上凭兆琦，下凭大冲，左凭岩嘴，右凭兆琦之山为界，四趾（址）分清。

凭中代笔　姜凤仪

同治六年八月十二日　立

立断賣山塲約人本家姜鳳
至為因要銀用度無處所出
自願將到祖遺之山地名穷
養冲边之山其木先賣與買主
今土股分為六股鳳至名下占土
股乙股今將土乙股出賣與
姜恩瑞名下承買為業憑
中議定價銅錢六百文親
手収回應用自賣之後憑買
主管業賣主不得異言恐後無
凭立此断山塲杉木永遠存照
批山界趾上凭兆琦下凭大冲左凭
岩嘴右凭兆琦之山为界四趾分清
凭中
代筆 姜鳳儀
同治十八年八月十二日 立

姜炳生父子刚套杉木栽手卖契

立卖栽手杉木约人本房姜炳生父子。为因缺少银用，无处所出，自愿将到地名刚套杉木乙块，界限：上凭光秀、世运、开祥山，下凭开文，左凭庙上之山①，右凭光秀三人之山，四至分明。此山分为五股，地主占三股，栽手占二股。今将栽手二股出卖姜恩瑞名下承买为业，当日三面议定价钱乙千〇五十文，亲手收足应用。自卖之后，恁凭买主上山修理管业，卖主不得异言。今恐无凭，立此断卖杉木为据。

代笔（凭）中　姜开祥

同治六年十一月二十日　立

①庙上之山，指属于庙上所有的山场。清代后期加池村建有南岳庙，置有庙山十余亩，所得收入用于庙的维修和平时的活动开支。

立賣栽手杉木約人本房姜炳生父
子為因缺少銀用無處所出自愿將到
劉地名剛奄杉木乙塊界限上憑光秀
世運開祥山下憑開文左憑廟上之山右
憑光秀三人之山四至分明此山分為五股地
主占三股栽手占二股今將栽手二股出賣
姜恩瑞名下承買為業當日三面議
定價錢乙千口五十文親手收足應用
自賣之後憑買主上山修理管業
賣主不得異言今恐無憑立此斷賣杉
木為據

代筆中姜開祥

同治六年十一月二十　日　立

王老兄父子也丹油山断卖契

立断卖油山约人本寨王老兄父子。为因缺少银用，无处□□□□将到地名也丹油山一块，界限：上凭白披（坡），下凭福宋，左凭李往弟，右凭包衣，四至分明。今将自己出卖与姜恩瑞名下承买为业。当日凭中三面议定价钱八百文，亲手收足应用。自卖之后，恁凭买主修理管业，卖主不得异言。今恐无凭，立此断卖油山约人为据。

外批：又补生油山乙块出卖，界至上凭白披（坡），下凭沟，左凭路，右凭买主。

凭中　姜炳生

代笔　姜开祥

同治六年十一月二十日　立

立斷賣油山約人本寨王老兄父子為因
缺少銀用無處作　心將到地名也丹
油山乙塊界限上憑白坡下憑福宋左憑李
往第右憑包衣四至分明今將自己出賣與
姜恩瑞名下承買為業當日憑中三面議
定價錢八百文親手收足應用自賣之後
任憑買主修理管業賣主不得異言今
恐無憑立此斷賣油山約人為據
外批又補生油山乙塊出賣界至上憑白坡下憑溝
左憑路右憑買主　　憑中姜炳生
代筆姜開祥

同治六年　十一月二十日　立

姜开朝污漫溪杉木栽手断卖契

立断卖栽手字人本房姜开朝。为因缺用,无处得出,自愿将到前先所栽龙乔保、姜凤仪叔侄之山壹块,地名污漫溪,上凭岩洞脚,下凭溪,左凭光大之山,右凭迫坡为界,四至分清,不得错乱。此山土栽分为五股,地主占叁股,栽手占贰股。今将栽手贰股出卖与姜恩瑞名下承买为业。当日凭中议定价钱壹千贰佰五十文,亲手收回应用。自卖之后,任凭买主上山修理管业,卖主父子不得异言。恐后无凭,立此卖字为据。

中笔　姜兴周

同治八年四月初五日　立

立断賣栽手字人本房姜開朝為因缺用無處得出自愿將到前先所栽龍母保
姜鳳儀叔侄之山壹塊地名污漫溪上憑岩洞脚下憑溪左憑光大之山右憑
廸坡為界四至分清不得錯乱此山土栽分為五股地主占叁股栽手占
弍股今將栽手弍股出賣與
姜恩瑞名下承買為業当日憑中議定價錢壹千弍伯五十文親手
收回應用自賣之後任憑買主上山修理管業賣主父子不得異
言恐后無憑立此賣字為據

中笔 姜興周

同治八年四月初五日 立

姜凤双兄弟迫南皆里忧秋喜田山场杉木断卖契

立断卖山场杉木并土字人本家姜凤双章、元魁四人。为因要艮(银)用度,无出,自愿将到地名迫南皆里忧[1]秋喜田,上凭大田,下小田为界,左凭冲与买主之山为界,右凭岭与克顺弟兄之木与兆璠之木为界,下凭岩洞为界,四至分清。此山土栽五股,地主占三股,栽手占贰股。地主叁股分为陆股,四人弟兄占贰股。今将贰股出卖与姜恩瑞名下承买为业,当日议定断价铜钱壹千文,亲手收足。倘有不清,俱在卖主理落,不与买主之事。恐后无凭,立此断卖契永远为据。

四人请凤仪笔　立

同治八年五月十六日　立

①迫南皆里忧,苗语意为迫南水田下边。

立斷賣山場杉木並土字人本家姜鳳
章、集、乾四人為因要艮用度無出自願將
到地名迫南皆里夏秋亭田上坎大田下小田
為界左憑冲與買主之山為界右憑嶺與兄
順弟兄之木畄兆蕃之木為界下憑岩洞為界
四至分清此山土栽五股地主占三股栽手占
貳股地主叁股分為陸股四人弟兄占貳
股今將貳股出賣與姜恩瑞名下承、
買為業當日議定斷價銅錢壹千文
親手收足倘有不清俱在賣主理落不
與買主之事恐後無憑立此斷賣契
永遠為據

四人請鳳儀筆　立

同治八年五月十六日　立

姜阳兴番故顺杉木栽手断卖契

立断卖栽手约人本寨姜阳兴。为因缺少钱用，无处所出，自愿将到先年所栽本家之山一块，地名番故顺，上凭本家之山，下凭溪，左凭洪，右凭冲，四至分明。此山地主、栽手分为五股，地主占三股，栽手占二股。今将栽手二股出卖与姜恩瑞名下承买为业。当日凭中议定价钱五百八十文，亲手收足。自卖之后，恁凭买(主)管业，卖主不得异言。今恐无凭，立此断字为据。

代笔　姜开旺

同治八年六月初一日　立

番贵顺栽手字[①]。

①此行字是后人在原契左上角批。

立断賣栽手約人本寨姜陽興為因缺
少銀用無處所出自愿將到先年所
栽本家之山場地名番故順上憑本家之
山下憑後左憑洪右憑沖四至分明此山
地主栽手分為五股地主占三股栽手占二股今將栽手
二股出賣與姜恩瑞名下承買為
業當日憑中議定價銀五百八十文親
手收足自賣之後任憑買主管業
賣主不得異言今恐無憑立此斷字
為據

代筆姜開旺

同治八年六月初一日 立

審岩順
親筆字

龙文明父子污漫山场断卖契

立断卖山场字人本寨龙文明父子。为因缺少粮食，无处得出，自愿将到山场壹块，地名污漫。此山界限：上凭田角以岩洞为界，下凭溪以路为界，左凭陆景嵩[①]之山为界，右凭平松弟兄之山为界，四至分明。此山土股分为叁股，本名占壹股。今将出卖与姜恩瑞名下承买为业。当日凭中议定价大钱壹千五佰五十文，亲手领回应用，毫不差欠。此山自卖之后，任凭买主修理管业，卖主父子不得异言。恐后无凭，立此卖字为据。

凭中　赵成材

代笔　姜兴周

同治八年六月十四日　立

①陆景嵩，中仰寨人，时任中营总理，后因工作艰难而辞职。

立断卖山场字人本寨龙文明父子为因缺少粮食无所得出自愿将到山场壹块地名污漫
此山界限上凭田角以岩洞为界下凭溪以路为界左凭冲岩高之山为界右凭平松第
光之山为界四至分明此山土股分为叁股本名所占壹股分将壹股出卖与
姜恩瑞名下承买为业当日凭中议定价钱壹千五佰五十文亲手领回应用毫不差欠
此山自卖之后任凭买主修理管业卖主父子不得异言恐后无凭立此卖字为据

凭中 赵成材
代笔 姜兴周

同治八年六月十四日 立

姜兆恩弟兄番足勇杉木栽手断卖契

立断卖栽手杉木字人本寨姜兆恩弟兄二人。为因缺少钱用,无处所出,自愿将地名番足勇先年佃栽买主之山。此山上凭荣太栽文斗之山,下凭文斗之山,左凭岭,右凭冲。其木分为五股,地主占三股,栽手占二股。栽手又分为二大股,光秀占一股,兆恩弟兄占一股。今将一股出卖与姜恩瑞名下承买为业。当面凭中议定价钱乙千二百二十文,亲手收回。其木自卖之后,恁凭买主修理管业,卖主不得异言。如有不清,俱在卖主理落,不关买主之事。恐口无凭,立此断卖栽手一股远远子孙存照。

凭中代笔　兆祥

同治八年七月十二日　吉立

立断賣栽手杉木字人本寨姜兆恩弟兄二人為

因缺少分用無處出自愿將地名番足包先年佃栽賣（主之山此山姜荣太栽文斗之山下姜文斗之山）

嶺右邊冲 其木分為五股土主占三股栽手占二月

又分為二大股兆魯占一股兆恩弟兄占一股今將一股出賣

與　姜恩瑞名下承買為業當面憑中議定價錢

乙千二百二十文親手收回其木自賣之后憑買

主修理管業賣主不得異言如有不清俱在賣主

理落不関買主之事恐口無憑立此断賣栽手一股

永遠子孫存照

憑中代筆姜兆祥

同治八年七月十二日

吉立

龙运宗污近沟坎下等杉木栽手断卖契

立断卖栽手字人莲花山[①]龙运宗。先年所栽文斗主家姜熙麟叔侄之山，地名污近沟坎下，界限：上凭沟，下凭冲以溪为界，右凭大冲，左凭小冲以马姓之山为界，四至分清；又壹块地名冉近，界限：上凭田，下凭通戴之山，左凭明高之山，右凭买主之山，以路为界，四至分清。此贰块之土栽分为伍股，地主占叁股，栽手占贰股。今将本名所占贰块之栽手出卖与加池寨姜恩瑞名下承买为业。当日凭中议定价钱壹千八佰文，亲手领足应用。自卖之后，任凭买主上山修理管业，卖主不得异言。恐后无凭，立此卖字为据。

中笔　姜克顺

同治九年三月十九日　立

①莲花山，在加池寨正对面，隔清水江相望，是该村重要的林业生产区之一，与南怒和格翁村土地相交杂。清代至民国时期有佃户在此结寨居住。

立斷賣栽手字人蓮花山龍運宗先年所
栽文斗主家姜默麟叔侄之山地名污近滿
坝下界限上憑滿下憑冲以溪為界右憑大
冲左憑小冲以馬姓之山為界四至分清又
壹塊地名冉近界限上憑田下憑通戴之
山左憑明高之山右憑買主之山以路為界
四至分清此弍塊之土栽分為伍股地主占
叁股栽手占弍股今將本名所占弍塊之
栽手出賣與加池寨姜恩瑞名下承買為業
當日憑中議定價錢壹千八佰文親手領足应
用自賣之后任憑買主上山修理管業賣主不
得異言恐后無憑立此賣字為據

中筆 姜克湏

同治九年三月十九日 立

姜开祥弟兄污漫山场杉木断卖契

立断卖山场杉木栽手约人本房姜开祥、贵生弟兄二人。为因缺少银用，无处得出，自愿将到地名污漫山场杉木乙块，在桥头彭路[1]坎上，界限：上凭兆还之山，下凭路，左凭大荣、沛仁之山，右凭大荣、沛仁之山，四至分明。今将自己请中出卖与本房 姜恩瑞名下承买为业。当日凭中三面议定价钱贰千八百八十文，亲手收足应用。自卖之后，恁凭买主修理管业，卖主弟兄不得异言。倘有不清，俱在卖(主)理落。今恐无凭，立此断卖山场杉木栽手为据。

凭中　姜凤章

同治九年五月二十五日　亲笔立

①彭路，系“盘路”之误。

立断賣山塲杉木約人本房姜開禅賣生弟兄二人為因缺少銀用無處得出自愿將
到地名污漫山塲杉木乙塊在橋頭彭路坎上界限上凭兆□□凭路左凭大榮沛仁
之山右凭大榮沛仁之山四至分明今將自己請中出賣與本房
姜恩端名下承買為業当日凭中三面議定價錢式□八百□十文親手收足
應用自賣之後恁凭買主修理管業賣主弟兄不得異言倘有清俱在賣理落
今恐無凭立此断賣山塲杉木栽手為據

凭中姜鳳章

親筆立

同治九年五月二十五日

冉在丹山场契约抄件

超豚老约①

道光砍乙界，至同治九年六月内砍乙界，价艮（银）三十二两四钱②。

立断卖山场杉木约人本房姜佐兴、成方、松桥、君能、岩保、焉保、包柳、美包、所包、所俨所共山场壹块，坐落地名冉在丹左边岭，上凭田勾（沟）为界，下凭朝英之山为界，右凭冲，左凭岭之路，栽岩为界，四至分明。凭中引到出卖与姜成德、之豪、之琏、松桥四人名下承买为业，当日三面议定价艮（银）拾捌两正。自立字之日，艮（银）契两交，分厘无欠，任凭不乱，谁人栽手。五股均分，地主占叁股，栽手占贰股。日后木坎（砍）完，地归之琏、成德、之豪名下管业。如有山场杉木不清，俱在卖主理落，不关买主之事。今恐无凭，立此断字承照。

嘉庆二十四年三月初三日　立

外批：先年姜佐兴得买焉保山场杉木也转出卖与成德、之琏、之豪三人管业。又先年姜成德得买美保、东保山场杉木又转卖与成德、之琏、之豪、松桥四人名下管业。之琏有壹股，之豪壹股，成德壹股，松桥壹股，共在四股③。

凭中　姜君能　代笔　姜开祥

外批：咸丰十一年开周家所栽明花之地也是四股之山，四角一副也是四股之山。其有老约开周家存④。

同治九年七月廿九日沽抄老契存照　立

①超豚，系“抄誊”之误写。过去多人共同经营一块山场（如多人共佃一块山场，或多人共有一块山场招一人佃种等）时，原件契约由众人中比较有管理能力的人保管，其他人往往将此份契约抄誊保存。

②③④系抄誊者所批。

超賑老約道光砍山界至同治九年六月内砍山界價艮三十二両四木
立斷賣山場杉木約人本房姜佐興成方松橋君能岩保焉
係包柳美包所包所儀所共山場壹塊坐落地名丹在
丹在边嶺上憑田爲界下憑剙與之山爲界右憑沖左
憑嶺之路我岩爲界四至分明憑中引到出賣與
姜成德之家之璉松橋四人名下承買爲業當日三面議
定價艮拾捌両正自立字之日艮契両交分厘無欠任憑不
亂誰人栽手五股均分地主占叁股栽手占貳股日後木
砍完地歸之璉成德之家名下管業如有山場杉木不清
俱在賣主理落不關買主之事今恐無憑立此斷字承照
外批先年姜佐興得買焉保山場杉木也轉出賣與成德之璉之家三人管業
又先年姜成德得買美保東保岩保山場杉木又轉賣與成德之璉之家松橋四人名
下管業之璉有壹股之家壹股成德壹股松橋壹股共在四股 憑中姜君能 代筆姜開祥
外批咸豐十一年間同家所栽明花之地也是四股之山四角一副也是四股之山 又有老約同前收存
嘉慶廿四年三月初三日 立
同治九年七月廿九日 沾抄老契存照 立

姜凤飞勇荣叩山场杉木断卖契

立断卖山场杉木字人本房叔凤飞。为因缺少良（银）用，无处所出，字（自）愿将到山场杉木并栽手乙块，地名勇荣扣。此山界趾（址）：上凭买主之山，下凭溪，左凭买主之山，右凭卖主边岭横下自岩洞头为界，四字（至）分清。地主、栽手分为五股，地主占叁股，栽手占贰股。地主叁股分为拾贰股，本名占乙股。栽手分为拾股，本名占乙股。今将土栽出卖与本房侄恩瑞名下承买为业。当日凭中议定价钱贰千二百八十文，亲手收回应用。自卖之后，恁凭买主上山修理管业，卖主父子不得多言。恐口难凭，立此断卖字为据。

凭中　姜凤至

同治拾贰年六月廿五日父亲笔　立

立断賣山塲杉木字人本房叔鳳飛為
因缺少艮用無処出字恳將到山塲
杉木並栽手乙塊地名勇荣扣此山界趾
上凴買主之山下凴溪左凴買主之山
右凴賣主边山嶺橫下自岩洞頭為界四字分
清地主栽手分為五股地主占叁股栽手
占弍股地主叁股分為拾弍股本名占乙股
栽手分為拾股本名占乙股今將二栽出
賣與本房侄恩瑞名下承買為業
當日凴中议定價銀弍千二百八十文
親手收回應用自賣之後任凴買
主上山修理管業賣主父子不得異言
恐口难凴立此断賣字為據

凴中姜鳳星

同治拾弍年六月廿五日父親筆立

龙老仁南见杉木栽手断卖契

立断卖栽手字人莲花山龙老仁。今将先年所栽主家之山地名南见,此山土栽分为五股,地主占三股,栽手占贰股,此贰股栽手本名占壹股。今将本名壹股出卖与山主姜凤仪、侄恩瑞茂,四股平买。此山界限:上凭岭,下凭溪,左凭本秀之山与世显之山为界,右凭明故和之山为界,四至分明。今凭中议定价钱六伯(佰)文,亲手领用。自卖之后,恁凭买主修理管业,卖主不得异言。恐口无凭,立此卖字为据。

代笔　姜克顺
凭中　姜老愿

同治十三年三月十五日　立

立斷賣栽手字人蓮葱山龍老仁今
將先年所栽主家之山地名南界坐山
土栽分為五股地主占三股栽手
占弍股此弍股栽手本名占一股
今將本名一股出賣與姜西立、姜
鳳儀、佐恩、茂瑞四股平買此山四界限
上憑嶺下憑溪左憑本房之山面
面世墨之山為界右憑修校私之山
為界四至分明今憑中議定價錢六
伯文親手領用自賣之後恁憑買
主修理管業賣主不得異言恐口
無憑立此賣字存據

代筆姜喜信
憑中姜老熙

同治十三年二月十五日立

蓮葱山
另名祥后
栽手字

姜克贞补生坳油山断卖契

立断卖油山约人本房姜克贞。为因要钱用度，无处，自愿补生幼[①]油山乙块，上凭大明油山，下凭老杉木为界，左凭买主油山为界，右凭岭为界，四至分清。今凭中出卖与本房姜恩瑞名下承买为业，当日凭中议定价钱四仟叁百捌十文整，亲手收足领用。自卖之后，任凭买主修理管业，卖主不得异言。恐口无凭，立此断卖字为据。

外批：老杉木在外[②]。

凭中　姜凤至

同治十三年五月十八日　亲笔立

①补生幼，地名，即小补生。

②老杉木在外，指此契只卖油山，而油山间老杉木（应是一根或数根，数量不多）不卖，仍由卖主借土蓄禁，待需要用时再砍伐。

立断賣油山約人本房姜克貞為因要錢用度無處自愿補生幼油山乙塊上憑大明油山下憑老杉木為界左憑買主油山為界右憑嶺為界四至分清今憑中出賣與本房姜恩瑞名下承買為業当日憑中議定價錢四仟叁百捌十文悉親手收足領用自賣之後任憑、買主修理管業賣主不得異言倘有不恐口無憑立此断賣字為據

外批老杉木在外

憑中姜鳳至

同治十三年五月十八日 親笔 立

姜凤飞加什塘杉木栽手断卖契

立断卖栽手杉木字人本房凤飞。为因先年缺少艮(银)用,无处所出,自愿将到先年所栽本家之山[1],地名加什塘。此山地主、栽手分为五股,地主占叁股,栽手占贰股。其山界趾(址):上凭文堵之山,下凭大河,左凭冲,右凭岭与文堵姜世模之山为界,四字(至)分明。今凭中出断卖与本房恩瑞承买为业。当日凭中议定断价钱二千七百文,亲手岭(领)回应用。自卖之后,恁凭买主上山修理管业,卖主父子不得多言。恐口难凭,立此断卖字为据。

凭中　凤至

外批:栽手贰股出卖,余存。地主叁股未卖,地主在外。

同治十三年六月初五日父亲笔　立

①本家之山,指本房族的共山或本房族中某人的私山。

立断賣栽手杉木字人本房鳳飛為
因先年缺少艮用無処所出自愿將到先
年合栽本家之山地名加什漕此山地
主栽手分為五股地主占叁股栽手占
弍股共山界趾上髭凴文堵之山下凴大
河左凴沖右凴山嶺每文堵姜世模
之山為界四字分明今凴中出断賣與
本房恳瑞承買為業當日凴中议定
断價錢二千七百文親手領回應用自
賣之後恁凴買主上山修理管業古
賣主父子不得多言恐口难凴立此断
賣字為據

凴中鳳至

外批栽手弍股出賣余存地主叁股未賣地主在外

同治十三年六月初五日父親筆　古

冉计杉木栽手断卖契

立断卖栽手约人乌什寨[①]周昌兴叔侄。先年所栽本家之山，地名冉祇(计)，上凭顶，下凭地垦，左凭领(岭)与学礼之山，右凭冲过迫坡至冲与本家占番所格[②]之山，山内有一大领(岭)二冲，右半边岭，四至分明。地主占三股，栽手占二股。今将栽手，为因缺少钱用，无出(处)所出，自愿凭中将到栽手凭中出卖断与主家姜凤仪、侄恩瑞茂承买为业。当日凭中议定谷子二百九拾八斤，亲手收足应用。自卖之后，恁凭主家修理管业，栽手不得异言。日后无凭，立此断字为据。

凭中代笔　姜凤至　杨兆祥字

同治拾叁年六月十一日　立

①乌什寨，在加池寨西南4公里处清水江右岸，系清代中后期外来在此佃种山场的佃户繁衍成的村落，现属锦屏县河口乡锦来村，2014年有15户人家。

②番所格，苗语意为所格上边。所格，系加池名叫所格的先祖。

立斷賣栽手約人烏什寨周昌寅叔侄先年所栽本家及山地名冉衹上凴頂下凴地基左凴領嵌來私來山右凴冲過路坡與本家占畨所栽之山〻內有一大領二冲右半邊領四至分明地主占三股栽手占二股今將栽手為因缺少錢用無出所出自愿將到栽手凴中出賣斷與主家　姜鳳儀侄思瑞承買為業當日凴中議定谷子二百九拾八斤親手收足應用自賣之後任凴凴主家修理管業栽手不得異言日後無凴立此斷字為據

凴中代筆　姜鳳至

楊兆祥　字

同治拾叁年六月十一日立

姜兆魁补先山场杉木断卖契

立断卖山场杉木约人本寨姜兆魁，即是一宗[①]。为因缺少粮食，无处所出，自己将到山场杉木、油树，地名补先，上凭岭，下凭买主之田，左凭连富，右凭兆兴，四至分明。今日出卖与姜恩瑞名下承买为业，议定价谷五十斤，自己收足。自卖之后，恁凭买主修理管业，卖主不得异言。口说无凭，立此断卖字是实。

凭中代笔　兆祥

同治十三年七月初十日　立

①即是一宗，疑为后人所加。

立断賣山塲杉木約人
本寨姜兆魁（即是宗）為因缺
少粮食無從所出自
己將到山塲杉木油樹地
名補先上凴山嶺下凴
買主之田左凴連富右
凴兆與四至分明今日出
賣與　姜恩瑞名下
承買為業議定價
銀五十兩自己收足
賣之后恁凴買主修理管
業賣主不得異言
口說無凴立此賣字
是實　　凴中代筆兆祥
同治十三年七月初十　立

姜凤至弟兄江道杉木断卖契

立断卖杉木约人本家姜凤至、凤云弟兄二人。为因缺少粮食,自愿将到山杉地名江道乙块,分为五股,栽手占二股,地主占三股。此三股分为六小股,二人占贰股。其山界限:上凭老木,下凭买主与卖主所共之山,左凭冲公之山,右凭廷芳与佐兴两公之山为界,四至分清。今凭中出卖二人贰股与姜恩瑞名下承买为业,议定价谷子乙佰叁拾斤,亲手收足。自卖之后,恁从买(主)修理砍伐,卖主兄弟不得异言。倘有不清,俱在二人理落。恐后无凭,立此卖字是实。

凭中代笔　凤仪

同治十叁年七月十四日　立

立斷賣杉木約人本家姜鳳至鳳雲
弟兄二人為因缺少糧食自愿將到山
杉地名江道乙塊分為五股栽手占二
股地主占三股此三股分為六小股二
人占貳股其山界限上憑老木下憑買
主每賣主此共之山左憑冲公之山右憑
廷芳每佐興兩公之山為界四至分清今
憑中出賣二人貳股每姜思瑞名
下承買為業議定價谷子乙佰叁
拾斤親手收足自賣之後任憑從
買修理砍伐賣主兄弟不得異言
倘有不清俱在二人理落恐後無憑
立此賣字是實

憑中代筆儀鳳

同治十叁年七月十四日立

吴锦杨等加池塘乌己溪杉木栽手断卖契[1]

立断卖栽手杉木字人乌石吴锦杨、锦云、锦礼叔侄。先年佃到格翁寨、加池所共山场乙块，地名加池塘乌己溪，上凭岭与洪路为界，下凭溪，左凭大冲，右凭小冲与明高之山为界，包[2]有小冲小岭在内，四址分清。今将栽手二股出卖与主家范正宇、姜克顺、侄凤凰、凤仪、侄恩瑞茂承买为业。当日凭中议定价钱伍仟伍百八十文，亲手收足应用。自卖之后，恁从主家修理管业，栽手弟兄不得异言。恐口无凭，立此卖栽手永远存照。

外批：栽手贰股分为六小股，克顺、侄凤凰二人占壹股，正宇占贰股半，凤仪伯侄占贰股半，此贰股半又分为贰股，凤仪、侄恩茂占壹股，恩瑞占壹股。

凭中　杨兆祥
　　　　老五

代笔　吴毓田

同治拾肆年二月十九日　立

此契正宇收，之伟笔照卖契抄。

①此份文书系草稿。

②包，指包括之意。

立斷賣栽手杉木字人烏石吳錦楊
錦雲錦礼叔侄先年佃到格翁寨 加池
計共山塲乙塊地名加池塘烏孔溪上凴每
洪路為界下凴溪左凴大冲右凴小冲每
形高之山為界內有小冲小崩在内四抵
分清今將栽手三股出賣每壹家
范正寀、姜克順 侄 鳳凰 鳳儀 侄 恩瑞 茂
承買為業當日凴中议定價錢伍仟伍百
八十文親手收足應用自賣之後憑從主
家修理管業栽手弟兄不得異言恐口
無凴立此賣栽手永遠存照

外批栽手弍股分為六小股 克順 侄 鳳凰二人佔壹股
正寀佔弍股半 鳳儀伯侄佔弍股半 共弍股半又分為弍股
恩儀 侄 恩茂佔壹股 恩瑞佔壹股
正契正寀收
立錦一笔照賣契抄

凴中 楊兆祥 老佐
代筆 吳毓田

同治 拾肆 年二 月十 九日 立

姜喜保弟兄乌补先山场杉木断卖契

立断卖山场杉木字人本房姜喜桥保兄弟二人。为因要银用费，无处，自愿将到乌补先[1]山场壹块。此山界限：上凭开祥之山，下凭岩洞，左凭少（小）冲，右凭光少以下光秀之山为界，四至分清。此山分为贰大股，兄弟二人占壹大平股，平神松兄弟占壹大股。今凭中出卖与凤仪、侄恩瑞茂叔侄名下承买为业。当日凭中议定价银壹两贰钱，亲手收足。自卖之后，恁凭买主修理管业，卖主不得异言。其有栽手上截应昌栽，下截平神松、喜桥保各自栽，喜桥保兄弟二人之栽手俱在内。恐口难凭，立此断卖字存照。

外批：其有喜保乌补先之老契拨与桥保手收。

光绪元年八月初二日 大荣笔 立

①乌补先，苗语译音，意为补先溪边，在加池南边 2.5 公里处。

立断卖山场杉木字人本房姜喜樛保兄弟二人为因
要银用费无处自愿将到乌补先山场壹块其山界
限上凭闹祥岩山下凭岩洞左凭水冲右凭先大以丁批
秀之山为界四至分清此山分为贰大股兄弟二人占壹
大股神平神松兄弟占壹大股今凭中出卖与凤仪瑞熙
叔侄名下承买为业当日凭中议定价银叁两贰钱亲
手收足自卖之后恁凭买主修理管业卖主不得异
言故有栽手上截应昌栽下截神平神松喜樛喜保各占栽
兄弟二人之栽手俱在内恐口难凭立此断卖字存照

外批共有喜保乌补先之契拨与樛保手收

光绪元年四月十二日 大荣笔 立

姜风至冉谷等杉木断卖契

立断卖杉木约人本家姜风至。为因缺少银用,无处所出,自原(愿)将到杉木二块,一块地名冉谷,界趾(址):上凭贵生之木,下凭光大,左凭冲,右凭岭与贵生之木为界。又一块地名堂周,上凭老根田,下凭本家之山,左凭明高,右凭大荣之山。二块界趾(址)分清。今将此山地主、栽手分为五股,地主占三股,栽手占二股。地主又分为六股,本名占乙股,出卖与恩瑞名下承买为业。当日凭中议定价钱乙千三百二十文,亲手收足应用。自卖之后,任凭买主修理管业,卖主不得异言。恐口无凭,立此断字为据。

外批:冉谷栽手在内。

凭中　姜培刚

光绪二年四月廿五日　亲笔　立

立斷賣杉木約人本家姜鳳至爲因缺少銀用無處所出
自願將到杉木二塊一塊地名冉谷界趾上憑賣生之木下憑光大左
憑冲右憑嶺與賣之木爲界又一塊地名堂周上憑若根田下憑
本家之山左憑明高右憑大榮之山二塊界趾分清今將此山地主
栽手分爲五股地主占三股栽手占二股地主又分爲六股本名占乚股出賣
與恩瑞名下承買爲業當日憑中議定價不乚千二百二十文親
手收足應用自賣之後任憑買主修理爲業賣主不得異
言恐口無憑立此斷字爲據

外批冉谷栽手在內

憑中姜培剛

光緒二年四月廿五日　親筆　立

龙文明叔侄皆理污杉木栽手断卖契

立断卖栽手字人本寨龙文明、侄荣太叔侄。为因缺少良（银）用，无处所出，自愿将到地名皆理污，先年得买根乔乙股存，领桥乙股文明叔侄出卖与姜恩瑞名下承买为业。当日凭中议定价银伍两四钱八分，亲手收足。此山分为五股，地主占叁股，栽手占二股。界趾（址）照老契管业。口说无凭，立此卖字远远发达存照。

凭中　玉秀

笔　兆祥

光绪二年五月十八日　立

立断賣栽手字人本寨龍文
明侄榮太叔侄為因缺少艮用無
從一所出自愿將到地名皆理污先
年得買根秀一股存領秀一股文明
叔侄出賣與　姜恩瑞名下
承買為業憑中議定
價銀伍兩四分八分親手收足
此山分為五股地主占叁股栽手占
二股界趾照老契管業口說無
憑立此賣字永遠了齋查存照

憑中　王秀
代筆　兆祥

光緒二年五月十八日　立

姜凤冠顽九土左边杉木栽手断卖契

立断卖栽手字人姜凤冠。今将到先(年)佃种克顺沛清之山壹幅,地名顽九[1]土左边,此山上凭洪顶,下凭河,左凭冲,右凭岭,四字(至)分清。此栽手所占贰股分为叁股,本名占壹股出卖与姜恩瑞名下承买为业。当日凭中议定谷子七十斤,亲手收领。自卖之后,恁从买主修理管业,日后不得异言。恐口无凭,立此卖据。

凭中　凤至

代笔　凤来

光绪叁年三月廿二日　立

①顽九,苗语音为“wán jiǎo”,意为可跨过的狭长河塘。

立斷賣栽手字人姜鳳鳴今將到先佃種克順沛清之山壹幅地名類九土坌边此山上憑洪頂下憑河左憑冲右憑嶺四字分清此栽手所占弍股分為叁股本名占壹股出賣與　姜恩瑞名下承買為業當日憑中議定谷子七十斤親手收領自賣之後恁從買主修理管業日後不得異言恐口無憑立此賣據

憑中　鳳生
代筆　政東

光緒叁年三月廿二日　立

范五连冉故苟杉木栽手断卖契

立断卖栽手杉木字人岩湾寨范五连。为因钱用无处所出，自愿所栽买主之土地名冉故苟之山一块，上凭老文之山与埂为界，下凭马家之山与埂为界，左凭连元之山为界，右凭岩湾老长之山为界，四字（至）分清。此山分栽手、地主分为五股，栽手占二股。今将栽手二股出卖与加池寨姜凤仪、恩瑞茂叔伯三人承买为业。当日凭中议定价钱乙千四百文，亲手领足应用。自卖之后，任凭买主修理管业，卖主不得异言。恐口无凭，立此断字为据。

内措（错）一字，徒（涂）三字。

外批：栽手二股，凤仪恩茂占乙股，恩瑞占乙股。

代笔　姜凤德

（光绪）三年五月初七日　立

立斷賣栽手杉木字人岩湾
寨范五連為因錢用無処所出自
願所栽買主之土地名冉故背之山一
塊上凴老文之山田埂与界下凴馬
家之山石埂為界左凴連元之山為界
右凴岩湾老辰之山為界四字分清
此山分栽手地主分為五股栽手占二
股賣今將栽手二股出賣与
加池寨姜鳳儀恩茂瑞叔伯三人承買為業
當日凴中議定價錢乙千四百文親手領
足應用自賣之後任凴買主修理管業賣
主不得異言恐口無凴立此斷字為據
内措一字徒三字 外批栽手二股鳳儀恩茂占一股
恩瑞占一股
代筆 姜鳳德
三年五月初七日 立

山林权属转移文书(下)

王玉山冉皆笼杉木栽手断卖契

立卖栽手杉木契人本寨王玉山。今将前先所栽姜凤仪、恩瑞、恩茂弟兄叔侄之山场壹块，地名冉皆笼。此山上凭土坎，下凭买主之山，左凭冲，右凭岭与开明之山为界，四至分明。其山土栽分为五股，地主占三股，栽手占贰股。今将本名占栽手贰股，凭中出卖与主家姜凤仪、恩瑞/茂弟兄叔侄承买为业。当日凭中议定价钱壹千叁伯（佰）文，亲手领用。自卖之后，任凭买主修理管业，卖主不得（异）言。恐后无凭，立此卖字为据。

外批：二股，仪、茂占乙股，恩瑞占乙股。

凭中 姜沛祥
代笔 姜兴周

光绪三年五月廿日　立

立賣栽手杉木契人本寨王玉山今將前先所栽
姜鳳儀恩瑞恩茂弟兄叔侄之山場壹塊地名冉
皆龍此山上憑土坎下憑溝買主之山左憑沖右憑嶺由
四股之山分界四至分明其山土栽分為五股地主占三
股栽手占貳股今將本名占栽手貳股憑中出賣與
主家姜鳳儀恩瑞弟兄叔侄承買為業當日憑
中議定價錢壹千叁佰文親手領用自賣之後任
憑買主修理管業賣主不得異言恐後無憑立此賣
字為據

外批二股 儀栽占一股 恩瑞占一股

憑中 姜沛祥
代筆 姜興周

光緒二十年五月廿日 立

姜凤至皆要脚杉木栽手断卖契

立断卖山场杉木栽手约人本家姜凤至。为因缺少良(银)用,无所处出,自愿将到地名皆要却(脚)山场乙块,上凭土垦,下凭河,左凭兆美之山,右凭买主之山,四至分明。此山分为六股,本名占乙股,出卖与姜恩瑞名下承买为业。当日凭中议定价钱四百文,亲手收用。自卖之后,任凭买主管业,卖主不得异言。恐后无凭,立此断字为据。

笔凭中　恩茂

光绪三年五月廿一日　立

立断賣山塲杉木栽手約人本家姜鳳皇為因缺少艮用無所處出自愿将到地名皆要坪山塲乙塊上憑土坎下憑河左憑兆美之山右憑買主之山四至分明此山分為六股本名占乙股出賣與姜恩瑞名下承買為業當日憑中議定價禾四百文親手收用自賣之後任憑買主管業賣主不得異言恐後無憑立此断字為據

笔 憑中恩茂

光緒三年五月廿日 立

姜克贞包党兄山场杉木断卖契

立断卖山场杉木约人本房姜克贞。为因缺少钱用,无处,自愿将到地名包党兄[①]山场乙块,界止(址):上凭顶与路为界,下凭犁嘴,左凭文斗姜姓之山,右凭瑶光张乙未之山为界,四至分清。此土分贰大股,本名弟兄乙大股。乙大股分为三小股,本名占乙小股,出卖与姜恩瑞名下承买为业。当日议定价钱贰百四十文整,亲手收足领用。此山自卖之后,任凭买主上山管业,卖主不得异言。倘有不清,俱在卖主理落,不关买主之事。恐口无凭,立此卖字为据。

外批:内添四字。

凭中　姜凤至

光绪三年五月廿三日　亲笔　立

包党兄山姜克贞一块卖给本人为业[②]。

①包党兄,苗语读音为“báo dáng xiōng”,也写作“包党松”,意为较平的山坳脑,在加池对面莲花山上。

②此行字为后人另用纸条所批。本人,系姜恩瑞自称。

包党兄山姜克貞
一併出賣借字存照
集

立斷賣山塲杉木約人本房姜克貞為因缺少錢用無從
處自愿將到地名皂党兄界止上凴頂與路為界下凴犁嘴
左凴文斗姜姓之山右凴瑶光張乙木之山為界四至分清此山
分為三大股本名弟兄乙大股乙大股分為三小股本名占
乙小股出賣與姜恩瑞名下承買為業當日議定價錢
戈貳四十八文親手收足領用此山自賣之後任凴買主
此山管業賣主不得異言倘有不清俱在賣主上前理落不
関買主之事恐口無凴立此賣字為據

外批內添四字

凴中姜鳳至

光緒一年五月廿三日　親筆　立

姜凤凰南污粟山场杉木断卖契

立断卖山场杉木约人本房姜凤凰。为因缺少良(粮)食,自愿将到南污粟山场贰块,界止:上凭路,下凭河,左凭洪,右凭领(岭)。此山分为六股,本名占乙股;下块上凭路,下凭河,左凭领(岭)与上块,右凭冲。此山分为三大股,叔侄占二大股。二大股分为三股,本名占乙股,出卖与姜恩瑞名下承买为业。当日凭中议定价钱六百文,亲手领足收用。此山自卖之后,任凭买主上山修理管业,卖主不得异言。恐口无凭,栽手在内立断卖字为据。

凭中　姜凤至

光绪三年五月二十七日亲笔　立

注:此契于民国2年(1913年)八月十九日送黎平县验证。

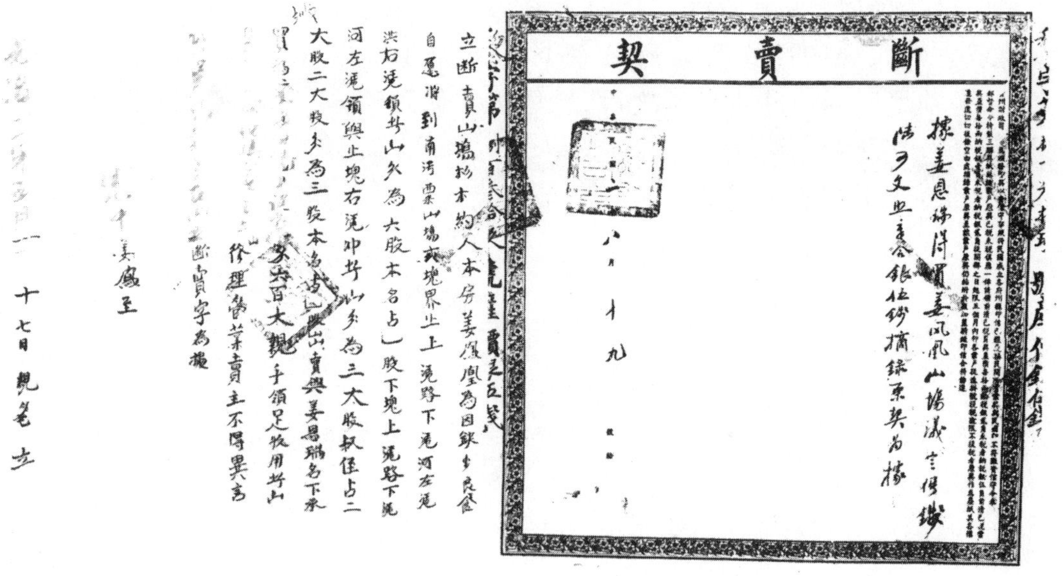
断賣契

據姜恩瑞得買姜凤凤山塲議定價錢
陆刁文正又谷銀伍錢摘錄原契為據

八月十九

立断賣山塲杉木約人本房姜凤學為因缺少良食
自愿将到南污栗山塲大塊界止上凭路下凭河左凭
洪右凭领坪山分為六股本名占一股下塊上凭路下凭
河左凭领與止塊右凭冲坪山分為三大股叔侄占二
大股二大股分為三股本名占一股出賣與姜昌瑞名下承
買為業……親手領足入收用坪山
任從買主管業賣主不得異言
……断賣字為據

憑中 姜鳳至

光绪……年……月……十七日 親筆 立

姜连富从卧金冲杉木栽手断卖契

立卖栽手杉木契人本房姜连富。前先所栽本名与戊寅、兆璋等之共山壹块，地名从卧金冲[1]。此山界限：上凭继祖之山，下凭平松之山，右凭岭，左凭玉连之山以埂为界，四至分清。此山土栽分为伍股，地主占三股，栽手占贰股。今将栽手贰股凭中出卖与姜恩瑞名下承买为业。当日凭中议定价大钱四佰文，亲手领足应用。此木自卖之后，恁凭买主修理管业，卖主父子不得异（言）。恐后无凭，立此卖字为据。

外批：栽手二股连富一人占。

代笔　姜保生 克顺

光绪三年六月廿四日　立

①从卧金冲，癞老奶住的山冲，在加池往文斗方向1公里处。

立賣栽手杉木契人本房姜連富前先已栽本名白岱寅兆璋等之共山壹塊地名從卧金冲此山界限上凴繼祖之山下凴平粃之山右凴嶺左凴玉連之山以墙為界四至分清此山土栽分為伍股地主占三股栽手占弍股今將栽手弍股凴中出賣與姜恩瑞名下承買為業當日凴中議定價大錢四佰文親手領足應用此木自賣之後恁凴買主修理管業賣主父子不得異言恐後無凴立此賣字為據

外批栽手弍股連富一人占

凴中 姜保生
代筆 姜克順

光緒三年 六月 廿四日 立

姜长连弟兄乜衣杉木栽手断卖契

立卖栽手字人本寨姜长连弟兄二人。今将前先所栽凤仪、凤至、恩瑞叔侄等之共山壹块，地名乜衣[1]。此山界趾(址)：上凭继乔之田，下凭明高田，左凭岭，右凭荒坪。此山土栽分为伍股，地主占叁股，栽手占贰股。此栽手贰股弟兄二人今将出卖与姜恩瑞泰二人承买修理管业。自卖之后，弟兄二人不得异言。恐后无凭，立此卖字为据。

凭中 姜凤章
代笔 姜兴周

光绪三年十二月廿八日　立

此山地名乜衣，本砦姜长连卖栽手给本人为业。光绪三年[2]。

①乜衣，苗语意为石头田。

②此为另外粘红纸条所批。

共山地名乜叔平岩
姜長連賣栽
手洛平人為業
光绪三十

立賣栽手字人本寨姜長連弟兄二人今將前先所栽凤任
凤至恩瑞叔侄苗之共山壹塊地名乜叔此山界趾上凭继蕃
之田下凭略高田左凭岭右凭荒坪此山土栽分為五股地
主占叁股栽手占式股此栽手贰股弟兄二人今將出賣與
姜恩瑞泰二人承買修理管業自賣之後弟兄二人不得異言
恐后無凭立此賣字存據

凭中代笔 姜凤章 恩周

光绪三十年十二月廿八日 立

姜丁卯兄弟从榜派杉木卖契

立卖栽手字人姜丁卯、癸未、连未、丁未四人。自愿将到栽手壹块，地名从榜派[①]。此栽手分为贰股，四人名下占壹股，保生占壹股，四人名下壹股，今将出卖与姜恩瑞承买为业。当日凭中议定断价钱八伯(佰)文。此山自卖之后，恁凭买主修理管业，卖主不得异言。恐口无凭，立此卖字为据。

凭中　凤仪

不是栽手，乃是地主[②]。

光绪三年十二月廿八日立

①从榜派，苗语意为笔直下来的山冲。

②此句批语应是当时书写完契约后对其中文字的更正。

立賣栽手字人姜丁卯、癸未、連未、丁未四人自愿將到栽手壹塊，地名從榜派，此栽手分為弍股，四人名下占壹股，係生占壹股；四人名下壹股今將出賣與姜恩瑞承買為業，當日憑中議定價錢八佰文。此山自賣之後，憑買主修理管業，賣主不得異言，恐口無憑，立此賣字為據。

不是栽手不是地主憑中凰儀

光緒三年十五月廿八日立

宋顺生行则杉木栽手断卖契

立断卖栽手字人党秧寨宋顺生。先年佃栽姜凤仪伯侄之山，地名行则，上凭红，下凭岩洞，左凭红口，右凭兆琦之山，四趾(址)分明。今将无处所出，自愿出卖与加池地主姜凤仪伯、侄恩瑞、恩茂名下为业。当日凭中议定价银贰千五佰八十文，亲手收足应用。自卖之后，任凭买主修理管业，卖主不得异言。恐后无凭，立此断字为据。

外批：五股均分，地主占三股，栽手二股，恩瑞占乙股，凤仪、恩茂乙股。

笔 姜凤至
凭中 姜献瑞

光绪四年六月廿六日 立

立斷賣栽手字人党秧寨宋順生先年佃栽
姜鳳儀伯侄之山地名 行則上冲紅下冲皆洞
左冲江口右冲兆琦之山 四趾分明今將無處
訖出自愿出賣與 加池地主姜鳳儀伯侄恩
瑞恩茂名下為業當日凭中議定價錢式千一百
八十文親手收足應用自賣之后任凭買主修
理管業賣主不得異言恐后無凭立此斷字為
據 外批至股均分地主占三股栽手占乙股恩瑞占乙股
鳳儀恩茂乙股

凭中筆 姜鳳至
獻瑞

光緒四年六月廿六日 立

姜凤至戏板在研山场杉木断卖契

立卖山场杉木字人姜凤至。今因缺用,自愿将到戏板在研①山场壹块,此山界趾(址):上凭买主之山,下凭岩洞,左凭岭,右凭冲,四至分清。此山为陆股,凤至占壹股。今将出卖与姜恩瑞名下承买为业。当日凭中议定价大钱叁佰六十文,亲手领足应用。此山自卖之后,恁凭买主修理管业,卖主不得异言。恐后无凭,立此卖字为据。

代笔　姜克顺

光绪四年七月初七日　立

①戏板在研,苗语译音,意为寡妇居住的盘坡,在加池往岩湾方向约1公里处。研,苗语读“nī”,意为媳妇。

立賣山場杉木字人姜鳳至今因缺用自愿
将到戲板在所山場壹塊其山界趾上凭買主
之山下凭岩洞左凭嶺右凭冲也分清此山
分為陸股鳳至占壹股今将出賣與姜興錦
名下承買為業當日凭中議定價大錢
伍拾文親手領足應用此山自賣之後任
凭買主修理管業賣主不得異言恐
後無凭立此賣字存據

代筆姜克慎

光緒四年五月初七日　立

姜克贞后皆绞樟树卖契

立卖樟树乙根本房姜克贞。为因缺少粮食，无处，自愿将到后皆绞[①]樟树乙根，上凭路，下凭塘，左凭领(岭)，右凭路为界，四至分清。此树分为三大股，本名占乙股，出卖姜献德名下承买为业。当日议谷子拾柒斤整，亲手收足。此树自卖之后，任凭买主管业，卖主不得异言。恐口无凭，立此卖字为据。

光绪六年五月初六日亲笔　立

①后皆绞，苗语意为寨子后龙山下边。绞，苗语意为上头。

立賣樓樹乚根本房姜克貞為因缺少粮食無處自愿將到後皆絞樓樹乚根上憑路下憑塘左憑領右憑路為界四至分清此樹分為三大股本名占乚大股出賣姜獻德名下承買為業当日議谷子拾柒斤整親手收足此樹自賣之後任憑買主管業賣主不得異言恐口無憑立此賣字為據

光緒六年五月初六日 親笔 立

姜克贞冉培太山场杉木断卖契

立断卖山场杉木约人本房姜克贞。为因缺少粮食，无处，自愿将到地名冉培太山乙块，上凭土坎，下凭水沟，左凭风（凤）仪、恩瑞叔侄之山，右凭贵春油山，四至分清。此山分为三大股，本名弟兄侄三人占乙大股，乙大股分为三小股，本名占乙小股。出卖与姜恩瑞名下承买为业。当日议定谷子五斤整，亲手收足。此山自卖之后，任凭买主修理管业，卖主不得异言。倘有不清，俱在卖主理落，不关买主之事。恐口无凭，立此卖字为据。

内添三字。

光绪六年五月十二日亲笔　立

立断賣山場杉木約人本房姜克貞為因缺少粮食無處自愿將到地名冉培大此塊上憑土坎下憑水溝左憑凤仪恩瑞叔侄之山右憑貴春由山凸至分清此山分為三大股本名弟兄侄三人占乙大股乙大股分為三小股本名占乙小股出賣與姜見瑞名下承买為業当日议定谷子五斗是親手收足此山自賣之後任憑买主修理管業賣主不得異言倘有不清俱在賣主理落不閞买主之事恐口無憑立此賣字為據

内添三字

光緒六年五月十二日親笔立

姜化理弟兄冉谷山场杉木断卖契

立断卖山场杉木字人本寨姜化理、化龙、喜太弟兄三人。为故柳所格之山不清①，退准弟兄。又将冉各②之山乙块，土栽分为五股，地主占三股，栽手占二股，地主三股。买主占乙股，弟兄占二股。界限：上凭田，下凭溪，左凭岭与明高，右凭岭与大荣。今将出补与姜凤仪、恩瑞伯侄名下为业，凭中议定价银乙两五钱整，亲手收回。自卖之后，恁凭买主管业，卖主不得异言。恐后无凭，立此断字为据。

外批：栽手在外。

培刚
凭中　姜兆祥
兆魁

光绪六年六月初七日化龙亲笔　立

①故柳所格之山不清，指所格太公遗留下来的山场股份不清。

②冉各，应为“冉谷”之误。

立斷賣山場杉木字人李寨姜化理、化龍、喜太弟兄三人，為故柳所格之山不清，退準弟兄又將到冉各之山乙塊，土栽分為五股，地主占三股，栽手占二股。地主三股，買主占乙股，弟兄占二股。界限上憑田，下憑溪，左憑嶺𠀤明高，右憑嶺𠀤大溪。今將出補𠀤姜鳳儀、恩瑞伯侄名下為業，憑中議定價艮乙两五十悉親手收回。自賣之後，任憑買主管業，賣主不得異言。恐後無憑，立此斷字為據。

外批：栽手在外

憑中　姜培剛
　　　兆祥
　　　兆魁

光緒六年六月初七日　化龍親筆立

培九皆里乌山场股份清单

立分清单。培九皆里乌之山,上凭田至沟盘下田角以小毫,下凭溪,左凭岩洞,右凭小毫。此山系是五股,面议自愿今变为五两均分,日后照单所派:姜恩瑞占土股叁两壹钱贰分半,姜恩厚占土股捌钱七分半,姜庚祖弟兄四人占土股壹两正,不得蜡(错)乱。恐后无凭,立此清单为据。

恩瑞存一张

姜恩瑞　笔

清单为据(半书)

光绪七年后七月十七日　立

立分清单墶九皆里乌之山土凭田至溝
盤下田角以小毫不凭淺　左凭岩洞右凭
小毫此山係是五股而議自愿今变為五
两均分日後照单耕派　姜恩瑞占土股一
叁两壹分贰分半　姜恩厚占土股捌分七
分半　姜庚祖弟兄四人占土股壹两分不得
争執恐後无凭立此清单存據

恩瑞存一張

姜恩瑞筆

[illegible] 年 [illegible] 有

光緒七年後七月十九日　立

姜显祖培九皆里乌杉木栽手断卖契

立断卖山场杉木栽手本寨姜显祖。为因缺少钱用，无处所出，自愿将到培九皆里乌①山场乙块，上凭田至沟盘下田角以小毫，下凭大溪，左凭岩洞，右凭买主，四至分清。此山土股分为十股，本名占三股，内副栽手四股，本名占乙股。土栽出卖与姜恩瑞名下承买为业。当日凭中议定价谷乙百乙十斤，亲手收回应用。其山自卖之后，恁凭买主修理管业，卖主不得异言。恐后无凭，立此断字为据。

内添“栽手”二字，改一字。

中笔　姜化龙

光绪九年十二月十八日　立

皆里污姜显祖卖给本人为业②。

①培九皆里乌，苗语意为培九水田下边。

②此为另外粘纸条所批。

立斷賣山塲杉木栽寨姜显祖為因缺少銀用無
處所出自愿將到培九皆里烏山塲乙塊上憑田至
溝盤下田角以小毫下憑大溪左憑岩洞右憑買主田
至分清此山土股分為十股本名占三股内副栽手
四股本名占乙股土栽出賣與
姜恩瑞名下承買為業当日憑中議定價谷乙
百乙十斤親手收回應用其山自賣之後恁憑買
主修理管業賣主不得異言恐後無憑立此斷
字為據

内添栽手二字改一字

中筆姜化龍

光緒九年十二月十八日　立

姜凤岐加什塘山场杉木断卖契

立断卖山场杉木字人本房姜凤岐。为因缺少钱用,无处得出,自愿将到山场杉木乙块,土名加什塘,界趾(址):上凭文斗之山,下凭河,左凭冲,右凭岭与文斗之山,四字(至)分清。此山土栽分为伍股,栽手占贰股,地主占三股。地主三股分为拾贰股,本名占乙股,出卖与姜恩瑞名下管业。当日凭中议定价钱柒百八十文,亲手收回应用。自卖之后,任凭买主上山管业,卖主不得异言。恐后无凭,立此断卖字是实。

凭中　凤至

光绪拾年伍月二十日　亲笔立

立断賣山場杉木字人本房姜鳳岐為因缺少銀用無處得出自愿將到山場杉木乙塊土名加什（添壹字）嘈界趾上凭文斗之山下凭河左凭冲右凭岭嶺四字分清將山土栽分為伍股栽手占弍股地主占三股地主三股分為拾弍股本名占乙股出賣與恩瑞名下管業当日凭中議定價錢柒両八十文親手收回應用自賣之後任凭買主上山管業賣主不得異言恐後無凭立此断賣字是實

凭中　鳳至

光緒拾年伍月二十日　親筆立

姜凤至党周皆占乌什山场杉木断卖契

立断卖山场杉木约人本家姜凤至。为因缺少钱用,无处所出,自愿将祖遗山场杉木乙块,地名党周,在皆占乌什,上凭作智田,下凭溪,左右凭冲,四趾(至)分明。今将出断与恩瑞名下承买为业。当日凭中议定价钱六百廿八文,亲手收足应用。自卖之后,任凭买主修理管业,卖主不得异言。恐后无凭,立此断字为据。

外批:此山地主分为六股,本名占乙股出卖。内添二字。

凭中　姜开腾

光绪十年闰五月初九日　亲笔　立

立斷賣山場杉木約人本家姜鳳至為因缺少夫用無處所
出自愿將祖遺山場杉木乙塊地名党周在皆岜鳥什上憑作賣
田下憑溪左右憑衝四趾分明今將出斷與姜瑞名下承買為
業當日憑中議定價銀六百廿八兩親手收足應用自賣之後
任憑買主修理另管業賣主不得異言恐后無憑立此斷
字為據

外批：此山地主分為六股本名占乙股山賣

四派二四千

憑中 姜開勝

光緒十一年 五月 初九日 親筆 立

王起科衣匡杉木栽手断卖契

立断卖栽手字人本寨王起科弟兄。先年佃栽主家之山乙块，为因缺少钱用，无处所出，自愿将到地名衣匡，土栽分为五股，地主占叁股，栽手占贰股，起科弟兄占栽手乙股。此山界趾(址)：上凭岩洞与克顺之山为界，下凭溪，左凭兆璠之山，右凭从富污，四字(至)分明。今凭中出卖与主家姜恩瑞名下承买为业。当日凭中议定价钱叁伯(佰)八十文，亲手收足。自卖之后，任凭买主上山修理管业，卖主弟兄不得异言。恐口无凭，立此卖字是实。

凭中　沛祥

凤文　笔

光绪十年闰五月廿八日　立

立断賣栽手字人本寨王起科弟兄先年佃栽主家之
山一塊為因缺少錢用無处所出自愿將到地名衣匡
土栽分為五股地主占叁股栽手占弍股起科弟兄占
栽手乙股此山界趾上憑岩洞與克順之山為界下憑溪
溪左憑兆璠之山右憑從富培四字分明今憑中出賣
與主家姜恩瑞名下承買為業當日憑中議定價錢
叁伯八拾文親手收足其賣之後任憑買主上山修理
管業賣主弟兄不得異言恐口無憑立此賣字
是实

憑中 沛祥

鳳文筆

光緒十年閏五廿八日立

姜保生党洋兄榜派山场杉木断卖契

立断卖山场杉木字人本寨姜保生。为因缺少钱用，无处所出，自愿将到地名党洋兄榜派山场乙块，上凭卖主山，下凭廷才，左凭大明，右凭岭，四至分清。此山地主、栽手分为五股，栽手占二股，地主占三股。三股分为六股，本名占乙股出卖与姜恩瑞名下承买为业。当日凭中议定价钱八百四十八文，亲手收回应用。其山自卖之后，恁凭买主修理管业，卖主不得异言。恐后无凭，立此卖字为据。

凭中　姜风至

代笔　姜化龙

光绪十年六月十三日　立

[illegible]斷賣山場杉木字人本寨姜保生為因缺少
用無處所出自愿將到地名党洋兄榜[illegible]
場山塊上凭賣主山下凭廷才左凭大明右凭嶺
四至分清此山地主栽手分為五股栽手占二股地
主占三股三股分為六股本名占山股出賣與
姜恩瑞名下承買為業當日凭中議定價大
八百四十八文親手收回應用其山自賣之後任
凭買主修理管業賣主不得異言恐後無凭
立此賣字為據

凭中 姜凤至
筆 姜化龍

光緒十年六月十二日 立

冉在丹等公山股份清单

立分清单字人三公后裔长公姜克顺贞、侄凤凰叔侄等，二公姜凤仪至叔侄等、三公姜大明、献义叔侄等，开周、玉连、凤羽、福保弟兄等。蒙祖公所遗三公之山场并地坪一切，今众等商议立出清单，免后子孙争论。遗有山场地名冉在丹右边一块，上凭岭以路为界，下凭溪，左凭岭，右边上截凭大明之山。又左边一块，上凭四股之山，下凭大明等之山，左破冲，右凭岭路。又冉右一块，上凭继祖之山，下凭溪，左凭克顺之山，右凭兆美以岩洞。又冉皆什一块，上凭兆美等之山，下凭九主之山，左凭岭路，右凭大冲。又一块冉皆宠，上凭田坎，下凭凤议(仪)之山以田为界，左凭大明，右凭岭。又岗套一块，翻答连，上凭大明、克顺众等之山，下凭大明共山，左右凭大明共山。又乌衣赖一块，上凭油山，下凭沟，左凭凤仪，右凭岭边。又冉皆什一块，上凭凤章之田，下凭甲申田，左凭崩坡，右凭岩坎。又党阳德地坪一块，上凭献义园，下凭凤仪坪，左凭献义仓角，右凭路。此各山之界四至分明。自今以后，各处山场地坪分为三大股。长公后裔占一大股，二公后裔占一大股，三公后裔占一大股。日后儿孙照此清单不得争论。恐口无凭，立此清单永远存照。

外批：照此清单管业。长公克顺存一纸，二公凤仪存一纸，三公大明存一纸。

凭中代笔　族叔兆珊

光绪拾年玖月贰拾壹　吉日立

立分清[illegible]公克[illegible]问長分姜克贞顺侄鹰凰叔侄等二公姜凤仪叔侄等三公姜大
明献[illegible]叔侄[illegible]周[illegible]连[illegible]福保弟兄等蒙祖公所遗三公[illegible]地坪一坍[illegible]
剖议立山清单，免后子孙争论，遗有山场地名冉在冉右边一块上凭岭脚路为界
下凭溪左凭岭右凭边上截凭大明之山之左边一块上凭四股之山下凭大明[illegible]之田[illegible]
右凭岭路又冉右一块上凭继祖之山下凭溪左凭克顺之山右凭兆[illegible]岩洞又冉杳什一块[illegible]
克兆美等之山下凭九主之山左凭岭路右凭大冲又一块冉皆寵上凭[illegible]坎下凭风议之山以[illegible]界[illegible]
凭大明右凭岭又岗岔一块翻合连上凭大明克顺众等之山木凭大明共山左右凭大明共山[illegible]
岭一块上凭油山下凭沟左凭风仪右凭岭边又冉皆什一块上凭凭风章之田下凭[illegible]串田[illegible]
崩坡右凭岩坎又凉坳地坪一块上凭献義周下止凉风杈坪右凭献義仓角右凭路此各山之界
四至分明自今以后各处山场地坪分为三大股长公后裔占一大股二公后裔占一大股三公后裔占
一大股日后儿孙照此清单不得争论恐口无凭立此清单永远存照
外批照此清单管业长公克顺存一纸二公凤仪存一纸三公大明存一纸

凭中代笔族叔兆珊

光绪拾年玖月贰拾壹日立

王玉山皆路党杉木栽手断卖契

立断卖栽手字人本寨王玉山。为因缺少粮食，无处所出，自愿将到先年所栽山主之山栽手乙块，土名皆路党。此山界趾（址）：上凭兆琦之山，下凭河，左凭开周之山，右凭兆美之山，四至分清。今将出卖与姜恩瑞名下承买为业。当日凭中议定价谷肆拾斤，亲手收足。此栽手自卖之后，任凭买主上山修理管业，日后卖主不得异言。今恐无凭，立此卖栽手字为据。

凭中笔　姜凤德

光绪十二年二月初六日　立

立断卖栽手字人本寨王玉山名因缺少粮食无处得出自愿将到先年所栽山主之山栽手山块土名皆路觉此山界趾上凭水骑立山下凭河左凭開田之山右凭水姜之山四至分清今将出卖与姜恩瑞名下承买为业当日凭中议定价谷肆拾斤亲手收足此栽手自卖之后任凭买主上山修理管业日后卖主不得异言今恐无凭立此卖栽手字为据

凭中笔 姜凤沾

光绪十二年二月初六日 立

姜神松父子污补先山场杉木断卖契

立卖山场杉木并栽手字人本房姜神松父子。为因缺用，自愿将到山场壹块，地名污补先，此山上凭凤仪、克顺所共之山，下凭溪，左凭买主，右凭小壕，四至分清。此山分为贰大股，神松父子占壹股，今将出卖与姜恩瑞名下。当日凭中议定大钱叁仟零四十文，亲手收足应用。自卖之后，恁凭买主管业，卖主不得异言。恐后无凭，立此卖字为据。

凭中 姜开胜
代笔 姜兴周

光绪十二年二月十一日 立

污补先山得姜神松山一团为业[1]。

①此行字为另外粘纸条所批。

立賣山場杉木並栽手字人本房姜神松父子為因缺用自愿
將到山場壹塊地名污補羌此山上凭冲似羌順[illegible]山下凭溪凭
買主右凭小溪四至分清此山分為叁大股[illegible]壹股
出賣與姜恩瑞名下當日凭中議定價銀[illegible]
親手收足應用自賣之後恁凭買主管業賣主[illegible]
憑立此賣字為據

凭中 姜周勝
代笔 姜昌周

光绪二十二年六月十一日 立

王启文污在丹杉木栽手断卖契

立断卖栽手杉木约人本寨王启文。为因先年缺少粮食，无处所出，自愿将到先年所栽主家之山，地名污在丹。此山界趾（址）：上凭土坎，下凭溪，左凭三公山，右凭小冲，四字（至）分清。此山地主、栽手分为五股，地主占三股，栽手占二股。栽手二股分为四小股，本名占乙小股。今将出卖与主家姜恩瑞名下承买为业。当日凭中议定价谷乙百乙十斤，亲手收回应用。其木自卖之后，恁主家上山修理管业，卖主不得多言。恐口难凭，立此断卖字为据。

凭中　姜乔保
　　　　盛义

光绪十二年三月十八日　凤飞笔立

立斷賣栽手杉木約人本寨王啓文為因先年缺少糧食無[illegible]
出自願將到先年所栽主家之山地名污在丹[illegible]山界趾上[illegible]
憑溪左憑三公山右憑小冲四字分清今將此山地主栽手分
為五股地主占三股栽手占二股栽手二股分為四小股本名占乙
小股憑將出賣與主家
姜恩瑞名下承買為業當日憑中议定價谷乙百乙十[illegible]
親手收回應用其不自賣之後任主家上山修理管業
賣主不得多言恐口難憑立此斷賣字為據

憑中 姜培保
　　 盛義

光緒十二年三月十八日 [illegible]筆 立

姜兆璠父子曰匡山场杉木断卖契

立断卖山场杉木栽手字人本寨姜兆璠、培德父子。为因缺少粮食，无处所出，自愿将到山场杉木栽手乙块，地名曰匡，上凭克顺，下凭岩洞，左右凭买主，四止（至）分明。今将出卖与姜恩瑞承买为业，当日凭中议定价谷捌十斤，亲手收足应用。自卖之后，恁凭买主修理管业，卖主不得异言。恐口无凭，立此断卖字为据。

凭中　凤冠

子笔

光绪十二年三月廿九日　立

立斷賣山塲杉木栽手字人本寨姜兆璠 培德
父子為因缺粮食無處所出自願將到山塲杉
木栽手乙塊地名回匡上凴荒坡下凴岩洞
左右凴買主四止分明今將出賣與本寨姜恩瑞
承買為業當日凴中議定價銀十兩親手收
足應用自賣之後任凴買主修理管業賣
主不得異言恐口無凴立此斷賣字為據

凴中 鳳冠

子筆

光緒十二年三月廿九日 立

姜平松从兄仰杉木栽手断卖契

立卖栽手字人本房姜平松。今将到前先佃栽凤仪等之山场壹块，地名从兄仰①。此山界址：上凭克顺之山，下凭显国之山，左凭兆奇之山，右凭冲，四至分明。此山土栽分为五股，今将栽手贰股凭中出卖与姜恩瑞名下。当日凭中议定谷卅斤，亲手领足应用。自卖之后，恁凭买主上山修理管业，卖主不得异言。恐口无凭，立此卖字为据。

凭中 姜开胜
代笔 姜兴周

光绪拾贰年五月廿二日　立

①从兄仰，苗语译音，意为中仰冲。旧时，加池苗腔读“中”为“兄”音。

立賣栽手字人姜孝松今將到前先
佃栽風僚坡之山場壹塊地名榁冕仰坐山界
址上憑嶺頂之山下憑顯國之山左憑兆壽
之山右憑冲四至分明此山土栽分為五股孝松
栽手貳股憑中出賣與姜恩瑞名下承買當日
憑中議定價卅仟親手領足應用自賣之後
恁憑買主上山修理管業賣主不得異言
恐口無憑立此賣字為據

憑中 姜開勝
代筆 姜興周

光緒拾貳年五月廿二日 立

姜贤松父子党在山场杉木栽手断卖契

立断卖山场杉木栽手字人本房姜贤松父子。为因缺少粮食，无处所出，自愿将到祖遗山场乙块，地名党在[①]，上凭买主，下凭岩洞，左凭买主，右凭买主，四趾（址）分明。此山地主、栽手分为贰大股，父子占乙大股。今将出卖与本房姜恩瑞名下承买为业。当日凭中议定价谷乙百乙十六斤，亲手收足应用。自卖之后，恁凭买主管业，卖（主）不得异言。恐后无凭，立此断字为据。

凭中 姜凤至
代笔 姜春明

光绪十二年五月廿七日　立

党载之山场得买姜恩贵之祖先之股一概出卖于我家，完全私山[②]。

①党在，也写作“党载”，苗语译音，意为有房屋的台坡，在党样寨附近。

②此为另外用纸条所批。私山，系相对有多人公共的山场而言，指所有权全归自己，其他人无任何股份的山场。

立断賣山塲杉木栽手字人本房姜賢松父子
為因缺少糧食無處所出自愿將到祖遺山塲乙塊
地名党在上凴買主下凴宮洞左凴買主右凴買主
四路分明此山地主栽手分為弍大股父子占乙大股今
將出賣與本房姜恩瑞名下承買為業当日凴中
議定價銀乙百乙十六千親手收足應用自賣之后
任凴買主管業賣不得異言恐后無凴立此断字
為據

凴中 姜凤王
代筆 姜春明

光緒十二年五月廿七日立

姜寅卯翻山里杉木栽手断卖契

立断卖栽手杉木约人本家姜寅卯。为因要钱用度，无处得出，自愿将到本名先年佃栽买主翻山里①沟坎下截，界止（址）：上凭沟，下凭沟，左凭岭与文斗之山，右凭田角。此山地主、栽手分为五股，地主占三股，栽手占贰（股）。今将

韬

本名栽手贰股出卖与姜显国、恩瑞名下承买为业。当面凭中议定价钱陆佰文，

贵

亲手收足。自卖之后，恁凭买主上山修理管业，卖主不得异言。所买栽手贰股显国兄弟三人占乙股，恩瑞占乙股。日后照契均分。恐口无凭，立此断卖字为据。

显国笔②　中笔　姜作锦

光绪十二年六月初二　立

①翻山里，苗语意为大山深处独家村（或两三户人家）种山户开出的田。

②此份契约疑为姜显国抄录。

立断卖栽手杉木约人本寨家姜寅卯为因要钱用度无处得出自愿将到本名先年佃栽　买主翻山里沟坎下冲栽界止上凭沟下凭沟左凭岭与文斗之山右凭田角此山地主栽手分为五股地主占三股栽手占弍今将本名栽手弍股出卖与姜显韶、国贵、恩瑞名下承买为业当面凭中议定价钱陆佰文亲手收足自卖之后凭买主四上山修理管业卖主不得异言断买栽手弍股显国兄弟三人占股恩瑞占股日后照契均分恐口无凭立断卖字为据

显国笔　韶

凭中　刘秉什锦

光绪什年六月初二　立

冉底山场股份清单

立开地名冉底山上下二团，共分为贰大股，清单列于后：

故柳所格占乙大股，此乙大股又分为五小股，朝英、朝弼占贰小股，之美、世琏占乙小股，光秀、世杰、世儒三公共占乙小股，成瑜、世招二公占乙小股，合成五小股；彩臣占乙大股，又分为贰小股，之毫、开明共得买议保乙小股，成瑜、世洪共得买相保寿乙小股。

凤文执乙纸

光绪□□年六月初七日众等立清单三纸，兆琦执乙纸　立

塘冈执乙纸

立商地名冉底山上下二圖共分為弍大股清琳華手御
故鄉欽松占一大股此一大股又分為五小股 朝英
朝鄉占弍小股 之美 世璉占一小股 光秀 世杰 世儒
三公共占一小股 成瑜 世招 二公共占一小股 今成丞
股 彩臣占一大股又分為弍小股 二房亮寅明共
得買祿保一小股 成瑜 世洪共得買相保壽一小股
光緒 年六月初九日眾等立清單三紙 鳳文執一紙 兆琦執一紙 達周執一紙 立

姜开胜冉在丹杉木栽手断卖契

立卖栽手字人本房姜开胜。为因没使艮(银)用,无处得出,今将前先佃栽恩瑞等之山壹块,地名冉在丹。此山界址:上凭土埂,下凭溪,左凭三公之山,右凭小冲,四至分清。此山栽手分为四股,本名占壹股,今将本名壹股出卖与姜恩瑞名下承买修理管业。当日凭中定价谷壹伯壹十斤,亲手收足应用。自卖之后,卖主不得(异)言。恐口无凭立此卖字为据。

中笔　姜克顺

光绪拾二年六月十一日　立

立賣栽杉木字人本房姜開勝為因缺少艮用無處得出[illegible]
先佃栽恩瑞之山壹塊地名冉在丹冲山界址上憑土坎[illegible]憑
溪右憑三公之山左憑小冲四至分清此山栽手分為四股本房占
賣股分將[illegible]出賣与 姜恩瑞[illegible]承買為[illegible]
業當日憑中言定價谷壹伯壹十斤親手收足無用[illegible]
至不得异言恐口無憑立此賣字為據

中筆 姜堯順

光緒拾二年 六月 十一日 立

姜平松叔侄党载山场栽手杉木断卖契

立卖山场杉木并栽手字人本房姜平松/继名叔侄。今将到山场壹块，地名党载，此山界趾（址）：上凭买主，下凭岩洞，左凭买主下与继祖之山，四至分清。右凭买主之山。今将出卖与姜恩瑞名下。当日凭中议定谷价壹佰廿斤，亲手领足应用。自卖之后，恁凭（买）主管业，卖主叔侄不得异言。恐口无凭，立此卖字存照为据。

外批：此山分为贰股，叔侄占乙股出卖。

代笔　姜克顺

光绪十二年六月十一日　立

立賣山場杉木並栽手字人本房姜平松、繼名叔侄，今將到[illegible]
坐場地名党載此山界址上憑買主下憑岩洞右憑買主[illegible]
繼祖之山四至分清左憑買主之山，今將出賣与
姜恩瑞名下，当日憑中議定價銀壹伯廿兩親手收足用
賣之後，任憑買主管業，賣主叔侄不得異言，恐口無憑，立此賣
字存照為據

外批此山分為五股叔侄占一股

代筆姜克順

光緒十二年六月十七日　立

孙通兴污在丹杉木断卖契

立断卖栽手杉木约人本寨孙通兴。为因先年缺少粮食，无处所出，自愿将到先年所栽主家之山地名污在丹乙块。此山界止（址）：上凭土坎与四股山为界，下凭溪，左凭三公之山，右凭冲，四字（至）分清。此山地主占叁股，栽手占贰股。此栽手贰股分为四股，本名占乙股。今将本名所栽一股出卖与姜恩瑞名下承买为业。当日凭中议定价谷九十二斤，亲手收回应用。自卖之后，恁凭买主上山修理管业，卖主不得多言。恐口无凭，立此卖字为据。

中笔　凤飞

光绪十二年六月十六日　立

立斷賣栽手杉木約人本寨孫通興為因先年缺少粮食無處所出自愿將到先年所栽主家之山地名湳在冉乙塊此山界止上憑土坎為兩股山為界下憑溪左憑三公之山右憑冲兩家分清此山地主占叁股栽手占弍股此栽手弍股分為兩股本名占乙股今將本名所栽乙股出賣與姜恩瑞名下承買為業當日憑中議定價谷九十二斤親手收回應用自賣之後任憑買主上山修理管業賣主不得多言恐口無憑立此賣字為據

中筆 鳳飛

光緒十二年六月十六日

姜兆魁叔侄培格山场杉木断卖契

立断卖山场杉木字人本寨姜兆魁、侄万成父子二人。为因家下缺少钱用，无处所出，自愿将到所共山场，地名培格，界止（址）：上凭开周、大明之山，下凭恩瑞与显邦之山，左凭冲，右凭岭与凤仪之山，四至分清。此山分为叁大股，大明、献义等占贰股；占魁、兆魁二人占乙股，分为贰小股，兆魁名下占乙小股，出卖与姜占魁、大明、献义叔侄等承买为业。当日凭中议定价钱四佰文，亲手收足。恁凭买主管业，卖主父子不得异言。口说无凭，立此断卖约存照。

外批：兆魁乙小股分为伍小股，大明叔侄公孙买肆股，占魁弟兄乙股，共合乙小股。

凭中代笔　姜秉智

光绪拾贰年七月十二日　立

注：此份卖契应为培格山场上手契。

立斷賣山場杉木字人本寨姜兆魁侄萬城父子二人為因要不
缺少錢用無处所出自願將到所共山場地名培格界止上凴開
周大明之山下凴恩瑞與顯邦之山左凴沖右凴蒲與應[illegible]之山
四至分清此山分為叁大股大明獻義坊占弍股占魁兆魁二人占乙股分為
弍小股兆魁名下占乙小股出賣與
姜占魁大明獻義叔侄等承買為業當日凴中議定價錢四佰文
親手收足憑凴買主管業賣主父子不得異言口說無凴立此
斷賣約存照

兆魁乙小股分為伍小股
外批大明叔侄公孫買肆股占魁弟兄買乙股共合乙小股

凴中代筆姜秉智

光緒拾弍年七月廿二日　立

姜万成党养山场杉木断卖契

立断卖山场杉木约人本房姜万成。为因缺少钱用,无处得出,亲自将到山场杉木乙块,坐落地名党养山,界趾(址):上凭义礼田,下凭溪,左凭凤仪之山,右凭世太之山为界,四字(至)分明。今请中出卖与姜显清名下承买为业,当面凭中议定价钱壹仟零八十文,亲自岭(领)回应用。自卖之后,恁凭买主上山修理管业,卖主房族不得异言。此山地主分为四大股,本名占乙股出卖。今恐无凭,立此断卖为据。

外批:山分四股,得买兆标乙股,共计得贰股。

凭中　兆开

代笔　秉智

(光绪十三)年三月初三日　立

立断賣山場杉木約人本房姜恩成兵因缺少
錢用無处得出親自將到山場杉木乙塊坐落地
名党養山界趾上凴義礼田下凴溪左凴凤儀之
山右凴世太之山為界四字分明今請中立賣
與
姜顕清名下承買為業当面凴中議定價錢
壹仟零八十文親自領回應用自賣之後恁
凴買主上山修理管業賣主房族不得異言
此山地主分為四大股本名占乙股山賣今
恐無凴立此断賣為據

外批山分四股得買兆標乙股共計卌貳股

凴中兆開
代筆秉智

年三月初三日立

姜开胜等皆占乌拾杉木栽手断卖契

立断卖栽手杉木字人本寨姜开胜、培恩二人。缺少钱用，无处所出，自愿将到地名皆占乌拾祖(主)家之山乙块，上凭田，下凭溪，左右凭冲，四至分明。此山地主、栽手分为五股，地主占三股，栽手占二股。栽手二股分为四小股，今将出卖二股与姜恩瑞名下承买为业。当日凭中议定价钱五百乙十二文，亲手收足应用。自卖之后，恁凭买主修理管业，卖主不德(得)异言。恐口无凭。立此断字为据。

凭中　姜风(凤)至

光绪十三年十二月廿九日　培恩笔立

立断卖栽手杉木字人本寨姜開勝培恩二人缺少钱用無
処所出自願將到地名者占鳥松细家之山一塊上凴田下
凴溪左右凴冲四至分明此山地主栽手分為五股地主占三股
栽手占二股栽手二股分爲四小股今將出賣二股要
姜恩瑞名下承買爲業當日凴中議定價
錢五百一十二文親手收足應用自賣之後任凴買主
修理管業賣主不德異言恐口無凴立此断字爲據

凴中姜凤至

光緒十三年十二月廿九日培恩筆立

尾包山场股份清单

立分清单。加池姜大明、格翁范之伟等。所有尾包山乙块,上凭岩洞与大明之山,下凭河,左凭大明等之山,右凭冲与文斗之山为界,四至分清。此山分为贰拾股,格翁范之伟占贰股,加池姜凤仪叔侄占叁股,姜盛义叔侄占七股半,姜大明叔侄占七股半。此七股半分为五股,风(凤)飞占乙股,凤冠占乙股,风(凤)文占乙股,凤来得买风(凤)岐乙股,姜大明占乙股,合为贰拾股。日后砍伐,照此清单均分,不得争论。

外批:佃字姜大明存。

清单范之伟存乙张,姜风(凤)仪存乙张,姜盛义存乙张,姜凤来存乙张。

范如玺　亲笔

立此清单永远存照(半书)

光绪拾四年二月十八日　立

立分清單（加池姜大明、杨翁范之傳）共此有尾包山一塊，上凭岩硐与大明之山，下凭河，左凭大明共之山，右凭冲与文斗之山为界，四至分清。此山分为贰拾股，杨翁范之傳占贰股，加池姜凤仪叔侄占叁股，姜盛文叔侄占七股半，姜大明叔侄占七股半。此七股半分为五股，凤氣占一股，凤冠占一股，凤文占一股，凤来得买凤岐一股，姜大明占一股，合为贰拾股。日後砍伐照此清單均分，不得争論。

外批佃字姜大明存

清單范之傳存一張　姜凤儀存一張　姜盛文存一張　姜凤来存一張

范如璽親笔

立此清單　永远存照

光緒拾四二月十八日　立

姜凤至培格山场杉木断卖契

立断卖山场杉木字人本家姜凤至。为因缺少钱用,无处得出,自愿将到培格,界止(址):上凭路,下凭买主之山,左凭岭与买主之山,右凭岭,四至分清。此山土栽分为五股,地主占三股,栽手占贰股。地主又分六股,本名占乙股,出卖与姜恩瑞名下承买为业。当日凭中议定价钱四百八十文,亲手收足应用。自卖之后,任凭买主管业,卖主不得异言。恐口无凭,立此断字承照。

外批:打岩之山。

凭中　姜凤岐笔

光绪十四年四月初九日　立

斷賣契

梯姜恩瑞得買姜凤玉山場價銀肆百
捌拾肆兩正合銀肆錢捌分錄原契內條

六 八月 十 九日

立斷賣山場杉木契人姜鳳玉為因缺少錢用無
處得出自愿將到土名□□□止上憑路下憑買主之山
左憑嶺右買主之山右憑嶺四至分清此山五栽分為
五股地主占三股栽手占弍股地主又分六股本名占叁
股出賣與姜恩瑞名下承為業當日憑議定價銀四兩八錢
親手收足應用自賣之後任憑買主管業賣主不得異
言恐口無憑立此斷字存照

憑中 姜凤岐筆

光緒十□年□月初九日 立

姜凤岐培显则山场卖契

立断卖山场杉木字人本房姜凤岐。为因缺少粮食，无处所出，自愿将到地名培显则山场乙块，界止(址)：上凭洪，下凭河，左凭冲，右凭献义、名卿之山为界，四至分清。此山土栽分为伍股，地主占三股，栽手占贰股。地主三股分为拾贰股，本名占乙股。出卖与姜恩瑞管业。当日议定价谷伍十四斤，亲手收足应用。自卖之后，任凭买主管业，卖主不得异言。恐口难凭，立此断卖字为据。

凭中　姜凤至

光绪拾四年五月二十日　亲笔　立

立断賣山塲杉木字人本房姜鳳岐為因缺少粮食無處所出自愿將到地名培显则山塲乙塊界止上憑洪下憑河左憑冲右憑献義名卿之山為界四至分清此山土栽分為伍股地主占三股栽手占弍股地主三股分為拾弍股本名占乙股出賣與姜恩瑞管業当日議定價銀伍十四两親手收足應用自賣之後任憑買主管業賣主不得異言恐口难憑立此断賣字為據

憑中 姜底至

光緒拾四年五月二十日 親筆 立

姜凤岐污漫山场杉木断卖契

立断卖山场杉木字人本房姜凤岐。为因缺少粮食，无处得出，自愿将到地名污漫，界止(址)：上凭顶与陆姓之山为界，下凭化礼之山为界，左凭岭为界，右凭冲与陆光大之山为界，四至分清。此山土栽分为伍股，地主占三股，栽手占贰股。地主三股分为拾贰股，本名占乙股出卖与姜恩瑞名下承买为业。当日凭中议定价谷伍拾贰斤，亲手岭(领)足。自卖之后，任凭买主管业，卖主不得异言。恐口无凭，立此断卖字为据。

凭中　姜凤至

恩灿

光绪拾伍年二月初五日亲笔　立

污漫溪山姜凤岐占之股出卖，现与元汗所共之[1]。

①此句是姜恩瑞另外用纸条所批。

立断賣山塲杉木字人本房姜鳳岐為因缺少粮食無處得出自愿將到地名汙漫界止上憑頂角陸姓之為界下憑化礼之山為界左憑嶺為界右憑冲角陸光大之山為界四至分清此山土栽分為伍股地主占三股栽手占弍股地主三股分為拾弍股本名占乙股出賣與姜恩瑞名下承買為業当日憑中議定價銀伍拾弍兩親手領足自賣之後任憑買主營業賣主不得異言恐口無憑立此断賣字為據

憑中姜鳳至
　　　恩燦

光緒拾伍年二月初五日親筆立

姜开连补生油山断卖契

立断卖油山字人本寨姜开连。为因缺少粮食,无处得出,自愿将到地名补生油山乙块,界止(址):上凭恩瑞,下凭沟,左右凭寿明之山为界,四至分清。今将出卖与姜开胜名下承买为业。当日议定价谷贰拾八斤,亲手收足应用。自卖之后,恁凭买主管业,卖主不得异言。恐口难凭,立此断字为据。

代笔　姜凤岐

注:此份文书缺落款时间。

立断賣油山字人本寨姜奈屏
為因缺少粮食無處得出
自愿將到地名補生油山乙塊
界止上凴恩瑞下凴溝左右凴
孝明之山為界四至分清今
將出賣與姜開勝名下承買
為業當日議定價銀弍拾廿
八分親手收足應用自賣之後
恁凴買主管業賣主不得異
言恐口难凴立此断字為據

代筆姜鳳岐

姜显祖冉垢阜杉木栽手断卖契

立断卖栽手字人本寨姜显祖。为因缺少粮食,无处所出,自愿将到先年所栽苗光培周之山地名冉垢阜,上凭岭,下凭溪,左右凭显清之山。地主、栽手分为五股,地主占三股,栽手占贰股。栽手贰股分为三股,本名占一股出卖与姜恩瑞名下承买为业。当日凭中议定价谷四十斤,亲手收足。其山任凭买主修理管业,卖主不得异言。恐后无凭,立此断字为据。

中笔　姜定鸿

光绪拾伍年八月十贰日　立

立断賣栽手字人本寨姜日亚祖為因缺少糧食無處所出
自愿將到先年所栽苗光培周之山地名再拓阜上凭嶺下凭
溪左右凭显清之山地主耦栽手分為五股地主占三股
栽手占弍股栽手弍股分為三股本名占一股出賣与姜
恩瑞名下承買為業当日凭中議定價銀四十仟親手收
足其山任凭買主修理管業賣主不得異言恐後無凭
立此断字為據

中筆姜定鴻

光緒拾伍年　八月十弍日　立

姜占魁等再告阜杉木栽手断卖契

立断卖栽手杉木字人本寨姜占魁、姜兆璠二人。为因缺少艮(银)用,无处所出,自愿将到先年所佃栽苗光姜培周之山,地名冉告阜[①]山场乙块,上凭兆奇之山,下凭兆琦之山,左凭岭,右凭冲,四字(至)分明。此山分为五股,地主占三股,栽手占二股。二股分为三股,今将出卖二股与姜恩瑞名下承买为业。当日凭中议定价钱伍百陆拾文,亲手收足。自卖之后,恁凭买主修理管业,卖主不得异言。恐后无凭,立此断字为据。

子显德　笔立

光绪拾陆年润(闰)二月初十日立

①冉告阜,与其他文书中出现的“冉垢阜”、“冉垢否”等均指一处,即叫化岭。

立斷賣栽手杉木字人本寨姜占魁、姜兆瑞二人，為因缺少艮用，無处所出，自愿將到先年所佃栽苗光姜培周之山，地名冉告乌山楊乙塊，上凭兆彦之山，下凭兆璘之山，左凭嶺，右凭冲，四字分明（此山分為五股，地主占三股，栽手占二股，二股分為二股），今將出賣栽與姜恩瑞名下承買為業。當日凭中議定價錢伍百陸拾文，親手收足。自賣之後，任凭買主修理管業，賣主不得異言。恐後無凭，立此斷字為據。

子顯德筆 立

光緒拾陸年閏二月初十日立

姜龙连之收山场杉木断卖契

立断卖山场杉木栽手与地土字人本房姜龙连。为因缺少银用,无处得出,自愿将到地名之收山场乙块,界止(址):上凭垦与陆姓之山,下凭买主与平松共山,左凭买主下冲为界,右凭培刚下至买主共山,四至分明。此山分为贰大股,连富占乙股,本名占乙股。今将出卖与姜恩瑞名下承买为业。当日凭中议定价银四两零八分,亲手收足应用。自卖之后,恁凭买主修理管业,卖主不得异言。今日有凭,立此断卖字为据。

凭　姜开胜
中　姜春明
代笔　凤岐

外批:上幅栽手在内,下幅土买主自栽,外幅栽手在外。

光绪拾陆年三月拾玖日　立

立断賣山塲杉木□字人本房姜龍連為因缺少
艰用無處自愿將到地名文叔山塲乙塊界止上凭
星與陸姓之山下凭買主與平松共山左凭買主下冲
為界右凭嶺衝下至買主共山□分明此山分為貳大
股連當占乙股本名乙乙股本將山賣與姜恩瑞名下承
買為業当日凭中議定價艰四兩叁錢八分親手收足應用
自賣之后任凭買主修理管業賣主不得異言今□□
凭立此断賣字為據

凭 姜開勝
中 姜春明
代筆 鳳岐

外批上幅栽手在内下幅土買主
自栽外幅栽手在外

光緒拾陸年叁月拾玖日 立

姜凤至故我油山断卖契

立断卖油山字人本寨姜凤至。为因缺少钱用，无处得出，自愿将到地名故我[①]，界止（址）：上凭田，下凭生发之山，左凭凤仪之山，右凭凤元之油山，四至分清。今凭中出卖与孙通兴名下承买为业，当日凭中议定价钱壹仟乙伯（佰）八十文，亲手收足应用。自卖之后，任凭买主管业，卖主不得仪（异）言。恐口无凭，立此断字为据。

凭中　姜凤岐

光绪拾陆年伍月拾伍日　立

①故我，苗语读音为“gòu áo”，意为“我公公山”。“我”，系苗语人名。

立断賣油山字人本寨姜鳳至為因缺少錢用無處得出自愿将到地名故我界止上凭田下凭生發之山左凭鳳儀之山右凭鳳元之油山四至分清今凭中出賣与族通興名下承買為業当日凭中两議定價錢壹仟乙伯八十文親手收足應用自賣之後任凭買主管業賣主不得异言恐口無凭立此断字為據

凭中 姜鳳岐筆

光緒拾陸年伍月拾伍日立

王玉山冉皆龙杉木栽手断卖契

立断卖栽手字人本寨王玉山。为因缺小(少)粮食,无处所出,自愿将到先年佃主家之山地名冉皆龙,上凭先发之山,下凭大明、显国,左凭小冲,右凭买主。此山地主、栽手分为五股,地主占叁股,栽手占贰股。今将贰股出卖与姜恩瑞名下为业。当日凭中议定价谷乙百八十斤,亲手收足。自卖之后,恁凭买主修理管业,卖主不得异言。恐口无凭,立此断字为据。

中笔　姜恩灿

光绪十七年二月初三日　立

立斷賣栽手字人本寨王玉

山為因缺少糧食無處所出

自愿將到先年佃主家之山地

名冉皆龍上憑先登之山下憑

大明昇国左憑小冲右憑買主

此山地主栽手分為五股地主占叁

股栽手占貳股今將貳股出賣

与姜恩瑞名下為業當日

憑中議定價各乙百八十文親

手收足自賣之後恁憑買主修

理管業賣主不得異言恐

口無憑立此斷字為據

中筆 姜恩燦

光緒十七年二月初三日 立

姜凤至党周山场杉木断卖契

立断卖山场杉木字人本房姜凤至。为因缺少钱用，无处得出，自愿将到地名党周山乙块，界至(址)：上凭克顺之山为界，下凭明高之山为界，左凭兆瑞之山，右凭明高。此山土栽分为伍股，地主占叁股，栽手占贰股。地主三股分为六股，本名占乙股，出卖与姜恩泰名下承买(为)业。当日凭中议定价钱六百文，亲手收足应用。自卖之后，任凭买主管业，卖主不得异言。恐口无凭，立此断字为据。

凭中　恩厚

凤岐　笔

光绪拾柒年三月十五日　立

党周山姜凤至祖太卖给为业①。

①此行字为后人另外加纸所批。

立断賣山塲杉木字人本房姜鳳至

因缺少錢用無處得出自愿將到地

名党周上凴山之坡界止克順之山為界下凴明

高之山為界左凴兆瑞之山右凴明高此

山土栽分為伍股地主占叁股栽手占

弍股地主三股分為六股承后占乙股

出賣寄姜恩泰名下承買為業当日

凴中議定價錢六[illegible]百文親手收足

恁用自賣之後任凴買主管業賣主不

得異言恐口無凴立此断字為據

凴中恩厚

鳳岐筆

光緒拾柒年 三月十五日立

冉攸山场股份清单

克顺

立分清单字人姜大明、吉星、凤至、平松等叔侄弟兄。所有山乙块，地名冉

凤仪

攸，此山界限：上凭大明之山，下凭溪，左凭冲，右凭岭与显国之山为界，四字（至）分明。此山分为柒大股，克顺、凤至叔侄占乙大股。此乙大股又分为叁小股，天富弟兄得买乙小股，此乙大股分清。凤仪、凤至占乙大股，此乙大股分为贰小股，凤仪叔侄占乙小股，凤至弟兄占乙小股，又分为三小股，元英得凤至乙小股。此乙大股分清。平松、凤仪、大明占乙大股，分为叁小股，凤仪伯侄得买寒宗乙股，大明叔侄、献义叔侄得买凤兰、善兰乙小股（此乙小股分为四小股，大明叔侄占叁小股，献义叔侄占乙小股），平松、大明占乙小股此乙小股分为贰小股（平松占乙小股，大明得买福宗乙小股）。此乙大股分清。大明、吉星共占乙大股，又分为贰小股，大明、献义占乙小股，吉星、天富、玉连、福保占乙小股。此乙大股分清。大明、献义得买龙文明乙大股，此一大股分清。大明、凤冠叔侄等得买开祥乙大股，此一大股分清。大明、凤仪得买廷香、惟永、开基乙大股。凤仪伯侄得买廷香乙小股，大明叔侄得买惟永、开基乙小股，此乙大股分清。

此山柒大股在此清单，今以分清，不得错乱。日后子孙照此清查分管，立此清单三张收批为据。

大明收乙张，克顺收乙张，凤仪收乙张。此张凤文笔

光绪十七年四月初三日　立

立分清单字人吴翰 友 吉星凤至平
松等叔侄弟兄所有山乙块地
名丹依此山界限上抵大明之山
下抵溪左抵冲右抵岭为址
国之山为界四字分明此山分为
宗大股克顺凤凰叔侄占乙大股
又分为叁小股天富弟兄得
买乙小股此乙大股分清凤仪
凤至占乙大股此乙大股为贰小股
凤仪叔侄占乙小股凤至弟兄占乙小
股又分为叁小股元英得凤至乙小股
此大分清平松凤仪大明占乙大股分
为叁小股凤仪得买寒宗乙股大明
叔侄献义叔侄得买凤兰善兰
乙小股此乙小股为贰小股大明叔侄占叁
小股献义叔侄占乙小股平松大明占乙
小股此乙小分为贰小股平松占乙小股大
明得买福宗乙小股此乙大股分清
大明吉星共占乙大股乙大股又分为贰小
股大明献义占乙小股吉星天富玉连
福保占乙小股此乙大股分清大明献义
得买龙文明乙大股此大股分清大明凤
冠叔侄等得买开祥乙大股此乙大股
分清大明凤仪廷香惟永开基眉
仪得买廷香乙小股大明叔侄得
买惟永开叁乙小股此乙大股分清
此山叁大股共清单今以分清不得错乱日后子
孙照此清叁分业存此分清单三张叔执为据
大明收乙张克顺收乙张 此清单文笔
凤仪收乙张。
光绪十七年四月初三日 立

龙文明父子等皆里今初杉木栽手断卖契

立断卖栽手字人本寨龙文明，子发太、喜太、福太，孙炳智。为因缺少钱用，无处所出，自愿将到地名皆里今初，界限：上凭岩洞，下凭鸿[①]，右凭山主之山，左凭岩洞，四字（至）分清。此山地主、栽手分为五股，地（主）占叁股，栽手贰股。自愿将栽手贰股出卖与本寨姜恩瑞名下承买为业。当日凭中议定价钱贰千八伯（佰）文，亲手收足，不欠分厘。倘有不清，俱在卖主理落，不关买主之事。口说无凭，立此断卖字为据。

凭中代笔　姜凤文

光绪拾八年三月十三日　立

①鸿，即洪道。

斷賣栽手字人本寨龍文明子齊太喜太福太烝炳智爲因缺少錢用無処所出自愿將到地名皆裡今初界限上凭岩洞下凭鴻右凭山主之山左凭岩洞四字分清此山地主栽手分為五股地占叁股栽手貳股自愿將栽手貳股出賣与本寨姜恩瑞名下承買為業当日凭中議定價錢貳十仟八伯文親手收足不欠分厘倘有不清俱在賣主理落不関買主之事口說無凭立此斷賣字為據

凭中代筆姜鳳文

光緒拾八年　三月　十三日　立

皆板党加一幅清单

皆板党加[1]一幅。

光绪十九年正月十六日立分清单。土名皆板党加山场乙块。

内幅先佃与党秧姜秉忠弟兄二人栽杉,外幅后佃与本房姜玉连三人等种粟栽杉。此内幅分为十二股,献义占七股,大明占乙股,凤文占乙股,凤(凤)仪得买沛祥弟兄乙股,凤来得买凤飞乙股,恩瑞得买凤(凤)岐乙股。又外幅分为十二股,献义占七股,大明占乙股,凤(凤)文占乙股,凤(凤)来占乙股,恩瑞占乙股,沛祥、沛礼叔侄等占乙股。日后照此均分。外幅佃字献义收存,内幅佃字大明收存。

凤德　笔

①皆板党加,苗语意为党加坡下边。

皆板党加一幅

光绪十九年正月十六日立分（清单）土名皆板党加山塆乙块，内幅（先）佃与党秧姜秉忠弟兄二人栽杉，外幅佃与本房姜玉连三人等种栗栽杉。内幅分为十二股，献义占七股，大明占乙股，凤文占乙股，凤仪之买沛祥弟兄乙股，凤来之买凤飞乙股，恩琉之买凤岐乙股。又外幅分为十二股，献义占七股，大明占乙股，凤文占乙股，凤来占乙股，恩琉占乙股，沛祥、沛礼叔侄等占乙股，日后照此均分。（外幅）佃字献义收存，内幅佃字大明收存。

凤法笔

姜凤至党东油茶山断卖契

立断卖油树山场字本房姜凤至。为因缺少钱用，无处所出，自愿将到地名党东，界趾（址）：上凭大路为界，下凭显国之杉山，左凭恩瑞之山，右凭木红与献义之山，四字（至）分清。今凭中出卖与姜恩秩名下承买为业，当日凭中议定价钱壹千零二十文，亲手收足。字（自）卖之后，恁凭买主修理管业，卖主不得多言。恐口无凭，立此卖字存照。

中笔　凤元

光绪十九年三月初六日　立

立斷賣油樹山塲字本房姜鳳
至爲因缺少錢用無處所出自愿
將到地名党東界趾上憑大路爲界
下憑顯國之杉山左憑恩瑞之山右憑
朱紅世献義之山四字分清今憑中出
賣與姜恩秩名下承買爲業当日憑
中議定價錢壹千零二十文親手收
足字賣之後恁憑買主修理管業
賣主不得多言恐口無憑立此賣字
存照

中筆鳳元

光緒十九年三月初六日立

姜沛祥污干雄杉木栽手断卖契

立断卖栽手字人本家姜沛祥。为因缺少钱用,无处得出,自愿将到地名污(干)雄[①],界止(址):上凭岩洞,下凭岩洞,左凭冲,右凭岭与培刚、兆瑞之山为界,四至分清。此山地主、栽手分五股,地主占三股,栽手占贰股。此栽手贰股分为六股,本名占乙股,出卖与堂侄姜献义名下承买为业,当日凭中议定断价柒伯(佰)八十文,亲手收足应用。自卖之后,恁凭买主管业,卖主不(得)异言。恐口难凭,立此断字为据。

中笔　凤岐

内批:沛清所占乙股一概出卖。

光绪十九年五月廿三日　立

①污干雄,其他文书也写作“污干穷”,苗语意为狭窄的溪冲。

立断賣栽手字人本家姜沛祥為因
缺少錢用無處得出自愿將到地名污
樵界止上憑岩洞下憑岩洞左憑冲右
憑嶺與培刚兆瑞之山為界四至分清
此山地主栽手分五股地主占三股栽
手占弍股此栽手弍股分為六股本名
占乙股出賣 與堂侄姜献義名下
承買為業当日憑中議定断價柒佰
八十文親手収足應用自賣之後恁憑買
主管業賣主不異言恐口难憑立此
断字為據

内批沛祥所占之股乙概出賣

中筆 鳳岐

光緒十九年五月廿三日 立

姜占魁父子培九皆里乌山场杉木断卖契

立断卖山场杉木栽手字人本寨姜占魁、兆芳、德生父子三人。为因缺少钱用，无处所出，自愿将到培九皆里乌山场壹块，界趾(址)：上凭田至沟盘下田角以小毫，下凭大溪，左凭岩洞，右凭买主，四至分清。此山土股分为十股，父子三人占三股，内副栽手四股。父子三股今将出卖与本寨姜恩瑞名下承买为业。当日凭中议定价钱乙千六百二十文，亲手收回应用。其山自卖之后，恁凭买主修理管业，卖主不得多言。恐后无凭，立此断字为据。

内添乙字、改乙字。

中笔 姜元英

光绪十九年五月二十五日 立

立斷賣山塲杉木栽手字人本寨姜占鏻兆芳德
生父子三人為因缺少錢用無處所出自愿將到
地名培九堦里烏山塲壹塊界趾上憑田至溝盤下田
角以小毫下憑大溪左憑岩洞右憑買主四至分清此
山土股分為十股父子三人占二股內副栽手四股父子
占三股今將土栽出賣本寨
姜恩瑞名下承買為業當日憑中議定價錢廿千三百
廿文親手收回應用其山自賣之後恁憑買主修理
管業賣主不得多言恐後無憑立此斷字為據

內添一字改一字

中筆 姜元奕

光緒十九年五月二十五日立

姜龙连弟兄党周洪边杉木栽手断卖契

立断卖栽手字人本寨姜龙连、弟名弟兄、寿名弟兄。先年栽到主家之山乙块,地名党周洪边,界止(址):上凭洪,下凭岩洞与大明之山,左凭岭与大明之山,右凭岭与大明之山,四至分清。此山土栽分为五股,地主占三股,栽手占二股。今将栽手二股出卖与姜恩瑞名下承买为业。当日凭中议定价谷伍十四斤,亲手(领)足。自卖之后,恁凭买主修理管业,卖主不得异言。恐口无凭,立此断字为据。

凭中　姜开胜

笔　姜凤岐

光绪十九年六月初八日　立

立断賣栽手字人本寨姜龍連弟名弟兄壽名弟
兄先年栽到主家之山乙塊地名党周洪边界止上
憑洪下憑岩洞岑大明之山左憑嶺岑大明丑山
右憑嶺岑大明之山四至分清此山土栽分為五股地
主占三股栽手占二股今將栽手土二股出賣與
岑 姜恩瑞名下承買為業當日憑中議定價銀
伍十四分親手足自賣之後任憑買主修理管業
主不得異言恐口無憑立此断字為據

憑中 姜開勝
筆 姜鳳岐

光緒十九年六月初八日 立

龙文明父子珍候山场断卖契

立断卖山场字人本寨龙文明，子发太、喜太、福太父子。为家下缺少钱用，无处所出，至（自）愿将到地名珍候[1]，此山分为二拾四股，父子名下占乙股，出卖。此山界限：上凭田，下凭买主，左凭大明之山以下买主之山为界，右凭小冲，四字（至）分清。今凭中议断价钱叁伯（佰）文，亲手收足。凭中出卖与姜恩瑞名下承买为业，恁凭买主管业，卖主不得异言。口说无凭，立此断卖字是实。

内添五字

凭中　姜凤来

笔　姜凤文

光绪拾九年七月初五日　立

①珍候，也写作"井候"，苗语译音，意为挖蕨根坡，在加池西南方1公里处，靠近中仰方向。蕨根加工成蕨粑，是粮食困难时的重要食品。

立斷賣山場字人本寨龍文明子孫太喜太福太父子為家下缺少
錢用無処所出至愿將到地名珍候此山分為二拾股父子名下
占乙股出賣此山界限上憑田下憑買主左憑大明山以下貫
主之山為界右憑小沖四至分清今憑中議斷價錢叁伯文親手收
足憑中出賣與　姜恩瑞名下承買為業任憑買主管
業賣主不得異言口説無憑立此斷賣字是实

內添五字

憑中姜鳳来
筆姜鳳文

光緒拾九年七月初五日立

污再丹杉木土栽股份清单

光绪十九年七月十二得买污再丹我等老三公之山。土栽分为五股，地主占三股，栽手占贰股。此栽手贰股分为五股，得买欧老渭弟兄之壹股。此得买之乙股又分为三大股，克顺、凤凰叔侄共买乙股；大明、献义叔侄，凤文、康连弟兄五人共买半股，凤羽廷弟兄共买半股，合为乙股；凤仪恩瑞叔侄共买半股，恩瑞凤元共买半股，合为乙股。日后砍伐照此三大股均分。其有小股各自别分。三公后裔人等未买之人，日后不得异论。

买契凤来存

姜凤来笔

外又私批：此乙大股凤仪恩瑞叔侄占半（股）。此半股又分为贰股，凤仪恩厚共占乙股，恩瑞占乙股。凤元恩瑞又共占半股，又分为三股。凤元占贰股，恩瑞占乙股，合为乙大股。

外又私批此一大股鳳儀 恩瑞叔侄占半此一半股又
分為二股鳳儀 恩厚共占一股恩瑞占一股
鳳元 恩瑞又共占半股又分為三股鳳元占二股
恩瑞占一股合爲一大股

光緒十九年六月內得買污再丹我等
堯三公之山土栽分為五股地主占三股栽手
占二股此栽手二股分為五股得買歐堯湄
弟兄之壹股此得買之一股又分為三大股堯順 鳳凰叔
侄共買一股大明 鳳文 獻義叔侄 康連弟兄五人 共買半股鳳羽 建弟兄
共買半股合為一股鳳儀 恩瑞叔侄共買半股鳳元 恩瑞
共買半股合為一股日後砍伐以此三大股均
分其有小股各自別分三公後裔人等未買之
人日後不得異論

買契鳳來存

姜鳳來筆

污再丹右边岭杉木栽手股份清单(一)

光绪十九年七月十四,得本寨姜兆元先年佃种我等三先公之山场乙块,地名污再丹右边岭。此山土栽分为五股,地主占三股,栽手占贰股。此栽手贰股又分为五股,得买兆元乙股。此得买之乙股分为三大股,克顺凤凰共平买乙大股。大明、献义叔侄凤文、康连弟兄共买半股,凤羽廷弟兄共买半股,合为一大股;凤仪恩瑞、恩厚共买乙半股,恩瑞凤元二人共买半股,此乙半股又分为三股,凤元占贰股,恩瑞占乙股。日后(照)此均分,不得错乱。

买契凤来存

凤来　笔记

光绪十九年七月十四得本寨姜兆元兆年
佃种我等三尤公之山场，境地名污再丹右边
山岭，此山土栽分为五股，地主占三股，栽手占贰股。
此栽手贰股又分为五股，得买兆元之股，此得买之股
分为三大股，尧顺、凤凰共平买之大股，天明、献义、钦佳、
凤文、康连弟兄共买半股，
凤翔弟兄共买半股，合为一大股，
凤仪、恩瑞、恩厚共买之半股，恩瑞、凤元二人共买半股，此之半股又分
为三股，凤元占贰股，恩瑞占之股，日后此场分不
得错乱。

买契凤来存
凤来笔记

污再丹右边岭杉木栽手股份清单(二)

光绪十九年十一月廿八日得买李老往之栽手乙股,地名污再丹右边岭。此栽手乙股又分为三大股,凤来凰二人共买乙大股,大明、风(凤)文、献义、康连等共买乙半股,风(凤)羽廷弟兄共买乙半股,合为乙大股;恩瑞、风(凤)仪、恩厚共买乙半股,恩瑞、风(凤)元共买乙半股,合为三大股。日后照老三公各公各分。买契献义收存。

凤德　笔记

光绪十九年十二月廿八日凭买李老佳之栽手乙股地名污再丹右边岭此栽手乙股
又分为三大股凤凰来二人共买乙大股大明凤文献義康连等共买乙半股凤翔弟兄共买
乙半股合为乙大股恩瑞凤仪恩厚共买乙半股恩瑞凤元共买乙半股合为二大股
日后照老三公各公各分买契献義收存

凤德笔记

□□□杉木栽手断卖契

立断卖栽手字人岩湾□□□□□□□□到加池寨姜凤仪叔侄之山□□地名□□□乙块，界限：上凭范本华之山，下凭溪，左上截凭炳廷之山以下本寨之山，右凭文斗之山，四字（至）分明。此山地主、栽手分为五股，地主占叁股，栽手占贰股。出卖与加池姜恩瑞、侄远清、金培名下承买为业。当日凭中议定价谷四拾贰斤，亲手收足。日后不得异言。口说无凭，立此断字是实。

外批：栽手二股，恩瑞占乙股，远清、金培二人占乙股。内添二字。

凭中　姜堂兴

请姜凤文　笔

光绪十九年十二月初八日　立

立斷賣栽手字人岩湾
到加池寨姜鳳儀欽佺生山〻生生〻〻里〻〻
〻塊界限上憑冲本華之山下憑溪左上截憑
炳廷之以下本寨之山右憑文斗之山四字分明此山
地主栽手分為五股地主占叁股栽手占貳股
出賣與加池姜恩瑞佺遠清金培名下承買為
業當日憑中議定價銀四拾弍両親手收足日
後不得異言口說無憑立此斷字是实
外批栽手二股恩瑞占乚股遠清金培二人占乚股

内添二字

憑中 姜堂興

請 姜鳳文 筆

光緒十九年十二月初八日 立

冉载丹杉木栽手断卖契

立断卖栽手杉木字人本寨龙文明父子四人。为因缺少粮食，无处所出，自愿将到前先年所佃山主姜大明、克顺、凤仪羽等三老公[①]之山壹块，地名冉载丹。此山界址：上凭岭以路为界，下凭溪，左凭岭以大明之山为界，右凭凤仪与献义之山为界，四字（至）分清。此山分为五股，地主占叁股，栽手占二股，此二股栽手分为伍股，龙姓父子占壹股。今将出卖与山主姜大明、克顺、凤仪羽等名下承买为业。当日议定价钱壹仟零八文，亲手领足应用。其栽手自卖之后，恁凭买主修理管业，卖主不得异言。恐口无凭，立此断卖字为据。

外批：照已（以）前得买欧老渭、李老往、姜兆元三纸股数均分管业，李姓在献义家存，欧、姜二姓在凤来家存，龙姓恩瑞收存。

代笔　显清

光绪贰拾年伍月廿四日　立

①三老公，指加池姜姓的甫元、甫明、甫臣三个祖先，大致生活在清康熙至乾隆年间，姜绍烈等四合院家族系长公姜甫元之后裔。

立斷賣栽手杉木字人本寨龍文明父子四人為
因缺少粮食無外所出自愿將到前先年
此佃山主姜大明克順鳳儀鳳羽等三老公之山壹塊地名冉載
冉此山界址上凴嶺以路為界下凴溪左凴嶺
以大明之山為界右凴鳳儀与献義之山為界四至
分清此山分為五股地主占叁股栽手占二股此二
股栽手分為伍股龍姓父子占壹股今將出賣与
山主姜大明克順鳳儀鳳羽等名下承買為業當日議定價
錢壹仟零八文親手領足應用其栽手錢自賣之後任憑
買主修理管業賣主不得異言恐口無憑立此斷
賣字為據
外批照已前得買歐老渭李老往姜兆元三綁股數
均分管業李姓在献义家存歐姜二姓在凤来家
存龍姓吳瑞妝存　代筆顯德
光緒貳拾年伍月廿四日立

姜前发等翻独勇杉木栽手断卖契

立断卖栽手字人党秧姜前发、成发、侄贵龙弟兄叔侄。为因先父亡故，无钱用度，自愿将到先年所栽主家之山乙块，地名翻读勇，界止(址)：上凭文斗之山，下凭溪，左凭文斗之山，右凭溪，四至分清。地主、栽手分为五股，地主占三股，栽手占贰股。今将栽手贰股出卖主家姜恩瑞名下承买为业。当日凭中议定价钱玖佰捌拾文，亲手收回应用。自卖后，恁凭买主上山管业，卖主弟兄叔侄不得多言。恐口无凭，立此断卖字是实。

凭中　范志连

代笔　姜元英

光绪贰拾年九月十八日　立

翻独勇得姜前发栽手[①]。

①此系后人另外粘纸条所批。

立斷賣栽手字人党秧姜前發成發任貴龍弟兄叔侄為因先父亡故無錢用度自願將到先年所栽主家之山乙塊地名斷讀勇界止上憑文斗之山下憑溪左憑文斗之山右憑溪四至分清地主栽手分為五股地主占三股栽手占貳股分將栽手貳股出賣主家　姜恩禧名下承買為業當日憑中議定價錢玖佰捌拾文親手收回應用自賣後恁憑買主上山管業賣主弟兄叔侄不得多言異口無憑立此斷賣字是實

憑中范志連

代筆姜元英

光緒貳拾年九月十八日　立

斷讀勇
賣姜前
發栽手

姜凤至当在山场杉木并栽手断卖契

立断卖山场杉木并栽手字人本家堂叔姜凤至。为因缺少粮食，无处所出，自愿将到当（党）在山场乙块，分为六股，父子名下占乙股，出卖与姜恩瑞名下承买为业。当日凭中议定价谷贰拾六斤，亲手收足。此山界限：上凭买主之山，下凭路，左凭买主之山，右凭冲，四字（至）分明。任凭买主修理管业，卖主不得异言。口说无凭，立此断卖字是实。

此山得买平神松连间[1]。

中笔　姜凤文

光绪二拾年十二月二十二日　立

①连间，相邻连。间，锦屏方言读音“干”，去声。

立断賣山場杉木並栽手字人本
家堂叔姜鳳至為因缺少粮食
無處所出自愿將到当在山場一
塊分為六股父子名下占乙股出賣
與姜恩瑞名下承買為業当日
憑中議定價銀貳拾六兩親
手收足此山界限上憑買主
之山下憑路左憑買主之山右憑
冲以字分明任憑買主修理管
業賣主不得異言口說無憑
立此斷賣字是实

此山得買耕松連間

中筆 姜鳳文

光緒二拾年十二月二十二日立

姜恩荣皆乜污杉木栽手断卖契

立断卖栽手字人本房姜恩荣。先年佃到主家山场乙块,地名皆乜污,界止(址):上凭水沟,下凭溪,左凭庚祖所栽地主之山,右凭小毫与买主之山为界。此山地主栽手分为五股,地主占三股,栽手占二股。此栽手二股又分为五股,本名占乙股。今将出(卖)与地主姜恩瑞名下承买为业。当日凭中议定价钱捌百四十文,亲手领回应用。自卖之后,任凭买主上山修理管业,卖主不得多言。恐口难凭,立此断卖字是实。

外批:内添四字。

凭中　姜凤至

代笔　姜元英

光绪廿乙年后五月初九日　立

立斷賣栽手字人本房姜恩榮先
年佃到主家山塲乙塊地名皆也綉界
止上憑水溝下憑溪左憑庚祖所栽
地主之山右憑乃々毫與買主々山為
界此山地主栽手分為五股地主占三
股栽手占二股此栽手二股又分為五股
本名占乙股今將出賣與地主
姜恩瑞名下承買為業當日憑中
議定價錢捌百四十文親手領回應
用自賣之後任憑買主上山修理管業
賣主不得異言恐口難憑立此斷賣
字是實

外批內添四字

憑中 姜鳳至
代筆 姜元英

光緒廿乙年潤五月初九日 立

姜兆开等污漫山场杉木断卖契

立断卖山场杉木约人本房姜兆开、侄孙秉智弟兄三人。为因缺少钱用，无处所出，自愿将到地名下污漫山场杉木乙块，界趾（址）：上凭宗保之山，下凭溪，左凭岩洞与溪，右凭宗保之山，四字（至）分清。此山分为拾陆小股，弟兄名下占八股，兆开占乙股出卖与姜显清名下承买为业。当日凭中议定价钱陆百捌拾文，亲手收足应用。自卖之后，恁凭买主上山修理管业，卖主不得异言。倘有不清，俱在卖主理落，不关买主之事。恐口无凭，立此断卖永远存照。

凭中　培熊

秉智　笔

光绪贰拾壹年九月初五　立

污漫溪山上手契①

①此句系后人批示。上手契，指上一次土地买卖的契约或佃契。

活坑乚溪山
上半架

立断賣山塲杉木約人本房姜兆開侄
孫東智弟兄三人為因缺少錢用無
处所出自願將到地名下污漫山塲杉
木乚塊界趾上憑宗保之山下憑溪
左憑岩洞㑹溪右憑宗保之山四字
分清此山分為拾陸小股弟兄名下占
八股兆開占乚股出賣與
姜顯清名下承買為業当日憑
中議定價錢陸百捌拾文親手收
足應用自賣之後恁憑買主上山
修理管業賣主不得異言倘有
不清俱在賣主理落不関買主
之事恐口無憑立此断賣永遠
存照

憑中 培能
東智 筆

光緒貳拾壹年九月初五立

姜六富皆乜污下乙幅杉木栽手断卖契

立断卖栽手字人本寨姜六富。为因缺少钱用，无处得出，自愿将到先年所栽地主之山乙块，地名皆乜污下乙幅，界止（址）：上凭沟，下凭溪，左凭根主所栽主家之山，右凭小毫与主家之山，四至分清。此栽手贰股分为伍股，本名占乙股。出卖与姜恩瑞名下承买为业。当日凭中议定价钱柒百五十文，亲手收足应用。自卖之后，恁凭买主管业，卖主不得异言。恐无凭，立此断字为据。

凭中　姜玉连

代笔　姜凤岐

光绪二十二年四月初六日　立

立斷賣栽手字人本寨姜六富為
因缺少錢用無處得出自愿將
到先年所栽地主之山乙塊地
名皆也污下乙幅界止上凴溝下
凴溪左凴根主所栽主家之山
右凴小豪奇主家之山四至分
清此栽手分股分為伍股本名占
乙股出賣與
姜恩瑞名下承買為業當日
凴中議定價錢柒百五十文
親手收足應用自賣之後恁
凴買主管業賣主不得異
言恐無凴立此斷字為據

凴中姜玉建
代筆姜巖岐

光緒二十二年四月初六日立

姜兆璠父子培水借山场杉木断卖契①

立断卖山场杉木字人本房姜兆璠父子。为因家下缺少钱用，无处所出，自愿将到地名培水借②山乙块，上凭田，下凭溪，左凭冲，右凭冲，四字（至）分清。此山分为贰大股，显清占乙大股，兆璠、培刚二人占乙大股。乙大股分为贰小股，本名乙小股，出卖与姜培刚名下承买为业。当日凭中议定价钱叁百九拾捌文，亲手领足应用。其山自卖之后，恁凭买（主）修理管业，卖主不得异言。恐口无凭，立此断字为据。

子笔

凭中　姜兆凤

光绪贰拾贰年五月初五日　立

此契丙寅年卖与姜源淋③。

①此契系上手契。

②培水借，其他文书也写作“培显则”、“培则行”。

③此行字系民国15年（1926年，农历丙寅年）后姜源淋所批。

立断賣山場杉木字人本房姜兆璠父子為因家下缺少錢用無從所出自愿將到地名塝水借山乙塊上凭田下凭溪左凭冲右凭冲四字分清此山分為弍大股顯清占乙大股兆璠培剛二人占乙大股乙大股分為弍小股本名乙小股出賣与姜培剛名下承買為業当日凭中議定價錢叁百九拾捌文親手領足應用其山自賣之後恁凭買修理管業賣主不得異言恐口無凭立此断字為據

此契丙寅年賣与姜源琳

凭中姜兆徽

子筆

光緒貳拾弍年五月初五日　立

姜六富井侯杉木栽手断卖契

立断卖栽手字人本寨姜六富。为因缺少钱用，无处得出，自愿将到地名井侯，界止(址)：上凭盘路与买主之山，下凭买主之山，左凭凤德之山，右凭买主之山，四至分清。此山土栽分为五股，地主占三股，栽手占贰股。今将栽手又(分)为三股，本名占乙股出卖与姜恩瑞名下承买为业。当日凭中议定价钱四百廿八文，亲手收足应用。自卖之后，恁凭买主管业，卖主不得异言。恐口无凭，立此断卖字为据。

凭中 姜凤岐 笔

光绪二十二年八月初八日 立

立断賣栽手字人本寨姜六富
為因缺少錢用無処得出自
愿將到地名井侯界止上憑盤
路右買主之山下憑買主之山
左憑鳳德之山右憑買主之山
四至分清此山土栽分為五股、
地主占三股栽手占弍股今將
栽手又為三股本名占乙股出
賣与
姜恩瑞名下承買為業当日
憑中議定價禾四百廿八文
親手收足應用自賣之後恁
憑買主管業賣主不得異言
恐口無憑立此斷賣字為據

憑中 姜鳳岐筆

光緒二十二年八月初八日立

姜金锫培显则杉木土地断卖契

立断卖山场杉木并土约人本家姜金锫。为因缺少钱用,无处所出,自愿将到地名培显则山场壹块,其山界止(址):上凭洪路为界,下凭岩洞与文斗之山为界,左凭洪角为界,右凭凹颈与抵培刚、显清之共山为界,四抵分明。此山土栽分为五股,地主占三股,栽手占二股。此地主三股又分为四小股,本名占壹小股。今将出卖与本家兄姜源淋名下承买为业。当面议定卖价钱壹仟六百八十文正,亲手领足应用。其山自卖之后,恁凭买主上山修理管业,卖主不得异言。倘有不清,俱在卖主理落,不关买主之事。恐后无凭,立此断卖字为据。内添一字。

凭中　姜献魁

光绪贰拾叁年四月廿八日亲笔　立

外批:此契照老约管业。

立断賣山場杉木並土約人本家姜金鎔為因缺少錢用無处出自

愿將到地名培顯則山場壹塊其山界止上憑洪路為界下憑岩硐

每丈斗之山為界左憑洪舟為界右憑凹顯兩抵培剛是之共山

為界四抵分明此山土栽分為五股地主占三股栽手占二股此地主

三股又分為四小股本名占壹小股今將出賣與本家兄

姜源淋名下承買為業當面議定賣價錢壹仟六百八十文正

親手領足應用其山滿賣之後任憑買主上山修理管業賣

主不得異言倘有不清俱在賣主理落不関買主之事恐後

無憑立此斷賣字為據

內添一字

外批此契照老的管業

憑中姜献魁

光緒弍拾叁年四月廿八日 親筆 立

姜恩泰父子从套大冲等土地杉木断卖契

立断卖土、杉木本家姜恩泰父子。为因缺少艮(银)用,无处得出,自愿将到地名从套大冲边一块。此山土栽分为五股,地主占三股,栽手占二股。地主三股分为八小股,本名占一小股。又穷故龙老木①一块,土栽分为五股,地主占三股,栽手占贰股。地主三股分为四股,本名占一股。今将二处出卖与姜恩瑞名下承买为业。当日凭中议定价艮(银)三两乙钱八分整,亲手收足应用。自卖之后,恁凭买主管业,卖主父子不得异言。恐口无凭,立此断字为据。

凭中　姜凤至清笔②立

光绪贰拾三年六月十九日　立

此山在岗套大冲,土栽本家姜恩泰卖给本人为业。光绪二十三③。

①老木,指年龄在三十年以上的过熟林。

②清笔,系"亲笔"之误。

③此行字为姜恩瑞在另一张纸条上所批。

立断卖土杉木本家姜恩泰父子为因缺少艮用無處得出自愿将到
地名槎套大冲边一塊此山土栽分为五股地主占三股栽手占二
股地主三股分为八小股本名占一小股又窮故龍老木一塊土栽分为
五股地主占三股栽手占弍股地主三股分为四股本名占一股今将二
處出卖与姜恩瑞名下承买为業当日凭中議定價艮三两乚
尔八卜恳親手收足應用自卖之後恁凭买主管業卖主父子
不得異言恐口無凭立此断卖字为據

凭中姜凤至清筆立

光緒弍拾三年六月十九日 立

姜凤璋父子皆也乌杉木栽手断卖契

立断卖栽手字人本家姜凤璋父子。为因缺少钱用,无处所出,自愿将到先年所栽主家之山地名皆也乌一块,界趾(址):上凭沟,下凭溪,左凭根主所栽之山,右凭小毫与买主之山。此山土栽分为伍股,地主占三股,栽手占二股。二股又分为五股,本名占壹股。出(卖)与姜恩瑞名下承买为业。当日凭中议定价钱七百八十文,亲手收足。自卖之后,恁凭买主修理管业,卖主父子不得异言。恐口无凭,立此断字为据。

凭中 姜凤至

笔 姜金镕

光绪二十三年六月廿日 立

立断賣栽手字人本家姜鳳璋父子為因缺少錢用無處所出自愿將到先年所栽主家之山地名皆也鳥一塊界趾上凴溝下凴溪左凴根主所栽之山右凴小毫角買主之山此山土栽分為伍股地主占三股栽手占二股二股之股又分為五股本名占壹股出賣姜恩瑞名下承買為業當日凴中凴議定價錢七百八十文親手收足自賣之後恁凴買主修理管業賣主父子不得異言恐口無凴立此断字為據

凴中姜鳳至
筆 姜金錇

光緒廿三年六月廿　日　立

姜凤至党候山场杉木断卖契

立断卖山场杉木字人本家姜凤至。为因缺少钱用,无处得出,自愿将到地名党候山乙块,界止(址):上凭显国之山,下凭田与路为界,左凭岭,右凭坟山与岭为界,四至分清。此山分为六股,本名占乙股,出卖与姜恩瑞名下承买为业。当日凭中议定价钱乙百八十八文,亲手收足应用。自卖之后,恁凭买主修理管业,卖主不得异言。恐口无凭,立此断字存照。

笔凭中　姜凤岐

光绪二十四年五月廿二日　立

字第捌百叁拾叁號產價銀貳錢

斷賣契

貴州財政司

據姜恩瑞得買姜鳳至山塲議定價
鈔壹千捌拾捌文照章合銀貳錢摘錄
原契為據

中華民國二年八月十九日

字第捌百叁拾叁號……賣價……錢

立斷賣山塲杉木字人本家姜鳳至為因缺少錢用無
從得出自愿將到地名兒候山乙塊界止上憑昰圖
之山下憑田角路為界左憑嶺右憑坟山並嶺為
界四至分清此山分為六股本名占乙股出賣與
姜恩瑞名下承買為業當日憑中議定價錢乙百
八十八文親手收足應用自賣之後任憑買主
修理管業賣主不得異言恐口無憑立此斷字
存照

憑中 姜鳳岐 筆

光緒二十四年五月廿二日 立

姜凤至江套土地断卖契

立断卖土字人本房姜凤至。为因缺少钱用，无处所出，自愿将到地名江套：上抵凹与冲公之山[1]，下抵岩洞，左抵从固龙，右抵上下两公之山。此山分为六小股，本名占乙股。今将出卖与姜恩瑞名下承买为业。当日凭中议定价钱三百文，亲手收回应用。自卖之后，恁凭买主管业，卖主不得异言。口说难凭，立此断卖字为据。

中笔　姜元英

光绪二十四年六月廿八日　立

①公之山，疑“公”字之前漏一字。

立断賣土字人本房姜鳳至
為因缺少錢用無处出自
愿將到地名江套上抵凹角冲
公之山下抵岩洞左抵從閏龍
右抵上下两公之山此山分為六
小股本名乙股出將出賣與
姜恩瑞名下承買為業当日凭中
議定價錢三百文親手收回应用自
賣之后任凭買主管業賣主不得
異言口說難凭立此断賣字為據

中筆姜元英

光緒一十四年六月廿八日　立

姜保发叔侄培粟杉木栽手断卖契

立断卖栽手杉木字人姜保发叔、侄作秀二人。为因家下缺少钱用，无处得出，自己请中将到地名培粟杉木壹块，上凭大明之山，下凭溪与炳忠田角，左凭溪，右凭岭与兆瑞本家所共之山为界，四字（至）分明。此山分为五股，地主占三股，栽手二股，本名栽手壹共出卖。先问房族人等，无承受，自己请中出卖与南加堡①何元保名下承买为业。当日凭中三面议定价钱伍仟六百八十文正，亲手领足应用，并无短少。其地主栽手二人自卖之后，任平（凭）买主修理管业，二比不得争论。若有争论，卖主尚（上）前理落，不于（干）买主之事。恐口无凭，立断卖杉木字约一纸为据。

光绪贰拾伍年十二月十四日立卖杉木断字人姜保发叔侄作秀亲卖

天里（理）人心

凭中人　伍玉顺

代　笔　谢老长

①南加堡，剑河县属地，位于清水江上游南岸，距加池约12公里，为一集镇，文斗、加池、岩湾等清水江两岸村寨皆到南加集镇赶集贸易。南加之所以成为集镇，皆因木材贸易的兴起。清代曾在此设军事哨堡，故也称南加堡。

立断賣栽手杉木字人姜保發叔侄作秀二人為因家下缺少錢用
無處得出自己請中將到地名培票杉木壹塊上憑大明之山下憑溪與懷忠
田角左憑溪右憑嶺與兆瑞本家所共之山為界四字分明此山分為五股地主
占三股栽手二股本名栽手壹共出賣先問房族人等無承受自己請中出賣與
南加堡何元保名下承買為業當日憑中三面議定價錢貳仟六百八十文正親手
領足應用並無短少其地主栽手之人自賣之後任平買主修理管業二比
不得爭論若有爭論賣主尚前理落不于買主之事恐口無憑立斷賣
杉木字約一帋為據

天理

人心

光緒貳拾伍年十二月十四日立賣杉木斷字人姜保發叔侄作秀親賣

憑中人伍玉順

代筆謝老長

姜开连补生油山断卖契

立断卖油山字人本寨姜开连。为因缺少粮食，无处得出，自愿将到地名补生油山乙块，界止（址）：上凭恩瑞，下凭沟，左右凭寿明之山为界，四至分清。今将出卖与姜开胜名下承买为业，当日议定价谷贰拾廿八斤，亲手收足应用。自卖之后，恁凭买主管业，卖主不得异言。恐口难凭，立此断字为据。

代笔　姜凤岐

注：原契落款时间已缺，当在清光绪中期。

立断賣油山字人本寨姜爵，
連爲因缺少粮食無從得出，
自愿將到地名補生油山乙塊，
界止上憑恩瑞，下憑溝，左右憑
孝明之山爲界，四至分清，今
將出賣與姜開勝名下承買
爲業，當日議定價各弍拾廿
八分，親手收足應用，自賣之後，
恁憑買主管業，賣主不得異
言，恐口难憑，立此断字爲據。

代筆姜鳳岐

姜忠连衣降杉木栽手断卖契

立断卖栽手字人本房姜忠连。为因缺少钱用,无处所出,自愿将到先年所佃买主山壹块,地名衣降,界止(址):上凭小田,下凭岩洞,右抵岭与凤来之山,左抵岭,四抵分清。今将名下所栽之栽手出卖。此山土栽分为五股,地主占三股,栽手占二股。此二股又分为六小股,本名所栽买主四股半。此四股半出卖与山主姜恩瑞名下承买为业,当日三面议定价钱伍百八十文,亲手收回应用。自卖之后,恁凭买主修理管业,卖主不得异言。口说无凭,立此断卖字为据。

内添二字

中笔　姜元英

光绪廿陆年六月廿四日　立

立斷賣栽手字人本房姜忠連為因缺少銀用無從所出自愿將到先年所佃買壹山壹塊地名衣降界止上抵小田下抵岩洞右抵岩與鳳來之山左抵嶺四抵分清今將名下所栽之栽手出賣此山土栽分為五股地主占三股栽手占二股此二股又分為六小股本本名所栽照之四股半此四股半出賣與山主姜恩瑞名下承買為業當日三面議定價錢伍百廿文親手收回應用自賣之後任憑買主上山修理管業賣主不得異言恐口無憑立此斷賣字為據

內添二字

中筆 姜元英

光緒廿陸年六月廿四日 立

姜继湖等污漫溪山场杉木并栽手断卖契

立断卖山场杉木并栽手字人本房姜继湖、侄东成。叔侄为因缺少银用,无处所出,自愿将到祖遗山场壹块,地名污漫溪,即在补先溪,界趾(址):上抵买主之山,下抵大溪,左抵买主之山,右抵买主与卖主之共山为界,四抵分明。此山土栽分为肆股,本名叔侄占土栽壹股,买主自占先年得买土栽贰股,今继胡叔侄之乙股凭中出断卖与本房姜恩瑞名下承买为业。当日三面议定价银叁两四钱四分整,亲手领回应用。自卖之后,恁凭买主上山修理管业,卖主叔侄不得异言。倘有不清,俱在卖主理落,不与买主何干。口说无凭,立此断卖字为据。

凭中笔　姜元昊

光绪二十六年七月十六日　立

立斷賣山場杉木並栽手字人本房姜繼
湖侄東成叔侄，為因缺少銀用無出，自
愿將到祖遺山場壹塊，地名污漫溪，而在
補先溪界趾，上抵買主之山，下抵大溪，左抵買
主之山，右抵買主與賣主之共山為界，四抵分明。
此山土栽分為陸股，本名叔侄占土栽壹股，買
主自占先年得買土栽貳股，今繼湖叔侄之一股
憑中出斷賣與本房
姜恩瑞名下承買為業，當日三面議定價
銀叁兩四錢四分正，亲手領回應用。自賣之
後，任憑買主上山修理管業，賣主叔侄不得
異言。倘有不清，俱在賣主理落，不與買
主相干。口說無憑，立此斷賣字為據。

憑中筆姜元吳八

光緒二十六年七月十六日　立

报九柳杉木栽手断卖契

立断卖栽手字人本房姜志顺。为因缺少粮食，无处得出，自愿将到地名报九柳[①]栽手乙块。此山地主、栽手分为五股，地主占三股，栽手占二股。界止（址）：上凭油山，下凭芳平（荒坪），左右凭油山，四至分明。今将出卖与姜恩瑞名下承买为业，当日议定价谷三十二斤，亲手收足应用。自卖之后，恁凭买主修理管业，卖主不得异言。恐日后无凭，立此断卖字为据。

内添二字

凭中　姜凤岐笔

光绪廿六年十二月廿八日　立

①报九柳，也写作“抱九略”，苗语译音，意为埋加池先祖九柳公的山包。在加池寨后山1公里处。报，即山包之意。

立断賣栽手字人本房姜志順為因缺少粮食無处得出自愿将到地名報九柳栽手乙塊共山地主栽手分為五股地主占三股栽手占二股界趾上憑油山下憑岩平左右憑油山四至分明今将出賣與姜恩瑞名下承買為業當日議定價銀三十二两親手收足應用自賣之後任憑買主修理管業賣主不得異言恐口無憑立此斷賣字為據

内添二字

憑中姜凤岐筆

光緒廿六年十月廿八日 立

姜凤岐报九柳山场杉木断卖契

立断卖山场杉木字人本寨姜凤岐。为因缺少粮食，无处得出，自愿将到地名报九柳，界止(址)：上凭油山，下凭荒平(坪)，左凭油山，右凭油山，四至分明。此山地主分为拾贰股，本名占乙股，出卖与姜恩瑞名下承买为业。当日议定价谷柒斤整，亲手收足应用。自卖之后，恁凭买主管业，卖主父子不得异言。恐口无凭，立此断字为据。

内添二字。

凭中　塘东姜廷兴

光绪廿七年二月初九日亲笔　立

立断賣山場杉木字人本寨姜鳳岐，為因缺少粮食，無處得出，自愿將到地名報九榔界止上凭油山下凭荒坪，左凭油山，右凭油山，四至分明，此山地主分為拾弍股，本名占乙股，出賣與姜恩瑞名下承買為業。當日議定價谷柒斤，親手收足應用。自賣之后，任凭買主管業，賣主父子不得異言。恐口無凭，立此断字為據。

內添二字

凭中 塘東 姜廷興

光緒廿七年二月初九日 親筆立

姜元英弟兄抱九柳山场杉木断卖契

立断卖山场杉木字人本房姜元英弟兄。为因缺少粮食,无处所出,自愿将到山场壹块地名抱九柳,界止(址):上凭油山,下凭大明、凤池等之芳(荒)田,左右凭油山为界,四抵分清。此山土栽分为五股,栽手占贰股,土主占三股。此三股分为十二股,本名占三股。今将出卖与姜恩瑞名下承买为业。当日凭中议定价谷二十斤,亲手收回应用。自卖之后,恁凭买主上山修理管业,卖主不得异言。口说无凭,立此卖字为据。

凭中　姜凤岐

光绪二十七年二月廿五日　　元英笔　立

立斷賣山場杉木字人本房姜元英弟兄為因缺少糧食無从所出自愿將到山場壹塊地名抱九柳界止上憑油山下憑大明鳳池等之田左右憑油山為界四抵分清此山土栽分為五股栽手占弍股土主占三股此三股分為十二股本名占三股今將出賣與姜恩瑞名下承買為業當日憑中議定價谷二十一斤親手收回應用自賣之後任憑買主上山修理管業賣主不得異言口說無憑立此賣字為據

憑中 姜鳳岐

光緒二十七年二月廿五日 元英 筆 立

报鬼油山断卖契

立断卖山场油山字人文斗下寨姜元标。为因缺少钱用，无处得出，自愿将到山乙块，地名报鬼，界止（址）：上凭马朝①，下凭路，左凭岭，右凭冲，四至分明。此山分为拾贰股，本名占乙股，出卖与加池寨姜洪顺②名下承买为业。当日议定价钱贰百八十文，亲手收足应用。自卖之后，恁凭买主管业，卖主不得异言。恐口难凭，立此断字为据。

外批：元标兄弟二人出卖是什（实）。

凭中　姜凤岐　笔

光绪二十七年九月廿日　立

①马朝，即马漕，指过去训练骑马的跑道，在加池寨东边山上。

②姜洪顺，指姜恩瑞。清代中后期，锦屏等清水江中下游林区木材贸易繁荣，林农多充“山客”从事木材贸易。此时凡充“山客”者，都有自己的名号，并以自己的名号打制收购木材的铁质斧印。“洪顺”即是姜恩瑞的名号，其后人姜绍烈家中至今仍保存有“洪顺”斧印。

立断卖山场油山字人文斗下寨姜元标为因缺少钱
用无处得出自愿将到山乙块地名报兔界止上凭马
朝下凭路左凭岭右凭冲四至分明此山分为拾弍股
本名占乙股出卖与嘉池寨　姜洪顺名下
承买为业当日议定价钱弍百八十文亲手
收足应用自卖之后任凭买主管业卖主不得
异言恐口难凭立此断字为据

外批元标兄第二人出卖
是什

凭
中　姜凤岐笔

光绪二十七年九月廿日立

姜渭滨冉腊山场树木断卖契

立断卖山场杉木、张树[1]、红麻次、栗树字人本寨姜渭滨。为因缺少钱用,无处得出,自愿将到地名冉腊,界止(址):上凭田与沟为界,下凭田,左凭园,右凭岭与路为界,四至分清。分为六股,本名占乙股。出卖与姜恩瑞名下承买为业。当日议定价钱叁百四十八文,亲手收足应用。自卖之后,恁凭买主修理管业,卖主不得异言。恐口难凭,立此断字为据。

内添二字,涂一字。

凭中　姜凤岐　笔

光绪二十八年十一月初十日　立

①张树,即樟树。

立斷賣山塲杉木環樹紅麻次欀樹字人本家姜渭濱為因缺
少錢用無從得出自愿將到地名冉蜡界止上憑田
角溝為界下憑田左憑岡右憑嶺角路為界四至分
清此山分為六股本名占乙股出賣與
姜恩瑞名下承買為業當日議定價錢叁百四十文
親手收足應用自賣之後任憑買主修理管業賣
主不得異言恐口難憑立此斷字為據

內添一字塗一字

憑中　姜鳳岐　筆

光緒二十八年十一月初十日　立

姜德廷等九家冉皆什山场股份分单

立分关人九家[①]。有山场乙块，地名冉皆什，分为三幅，姜德廷、朝重、廷烈三人分占中幅，各幅各管，日后不得争混。如有此情，日后子孙不得昌顺。现凭栽岩为界。恐口无凭，立此分字为据。

光绪廿九年六月二十六日卖与本寨梦林砍发，占抄老合同。

①九家，指对冉皆什山场占有股份的姜德廷等九人。

立分関字人九家有山場一塊地名冉背什
分為三幅姜德廷朝重廷烈三、吉中幅各
幅今后日后不得争混如有此情日后子孫
不得異說現憑栽岩為界恐口無憑立此分
字為據

光緒廿九年六月廿六日 黄貴本 姜秀林 欣發 吕秋老 合同

姜恩瑞等冉皆什股份清单

立清单字人加什(池)寨姜恩瑞、姜培刚、姜显清、春明、秉志、培文、祖送等。为因有山场壹幅,地名冉皆什。迄今后人蕃衍,买卖过主者多,恐日后子孙难以清理,是以约同山友分清。窃此山先人分为三幅,名曰九家山,三幅均分,姜德廷、朝重、廷烈三人阄占中幅。此中幅今作为十五两,三人名下各占五两。德廷名下之五股又作为二十小股,成珍名下占五小股,存十五小股绍周名下占壹小股,除此外存十四小股,世美名下占四小股,培刚名下占四小股,培文名下占四小股。此外,尚余贰小股候清查。朝重、朝弼、朝英、朝政、朝宽弟兄各占壹两,廷烈名下占五两。

外批:朝弼、成珍、朝政、绍周四人所占之股今恩瑞弟兄得买,世美所占之股今显清家得买,朝重所占之股今秉志家得买,余者各在后人承受。

培刚等之一纸存培刚手。

塘东　姜超笔

清单贰纸恩瑞存壹纸培刚等存壹纸

光绪廿九年六月廿六日　立

立清单字人加什寨姜恩瑞姜培剛姜顯清春
明東志培文祖送等為因有山場壹幅地名冉
皆什進今因人蓄衍買賣過亞者多恐日後
子孫難以清理是以約同山友分清窮此山先人
分為三幅名曰九家山三幅均分姜德廷朝重
廷烈三人同占中幅此中幅今作為十五兩三人
名下各占貳兩德廷名下之五兩又作為二十小股
成珍名下占五小股存十五小股紹周名下占壹小
股除此外存十四小股世美名下占四小股培剛名下
占四小股培文名下占四小股此外尚餘弍小股係清查
朝重朝璐朝美朝政朝寬弟兄名占壹兩廷烈
名下占五兩

外批

朝璐 成珍
朝政 紹周 四人所占之股今恩瑞弟兄得買
世美所占之股今顯清家得買
朝重所占之股今東志家得買
餘者各在後人承受

培剛有三紙存培剛手 培東姜埶筆

[illegible]恩瑞字[illegible]

光緒廿九年六月廿六日 立

冉高帛山场股份清单

立清单字人姜恩瑞凤来、凤文廷、显贵献义等。所有山场壹块，地名冉高帛，界限：上凭发恩上丘长田，下凭大河，左凭上破岭、下破小冲为界，右凭大冲为界。此山分为贰拾股，首之拾股，凤文、凤廷玉连、献义弟兄叔侄等占叁股三零三，显贵凤文弟兄叔侄等占叁股三零三，凤元恩瑞叔侄弟兄等占叁股三零三。此为首之拾股。次之拾股凤文献义叔侄等占贰股，凤元恩瑞叔侄等占叁股，凤来凰弟兄占贰股，培刚熊、成宽叔侄占壹股，凤文登辉弟兄等占贰股。此为次之拾股。日后照此均分，不得错乱。固立清单六纸，各执一纸为据。

姜恩宽　笔

显国、恩瑞、献义、凤文、凤来、凤廷六人各执一纸

光绪廿九年七月初六日立分

立清单字人姜恩瑞凤来凤文显贵献义等所有山场壹块地名冉高迫界限上凭岺恩上坵长田下凭大河左凭上破岭下破小冲为界右凭大冲为界此山分为贰拾股首之指股凤文凤廷玉连献义弟兄叔侄等占叁股三零三显贵凤文弟兄叔侄等占叁股三零三凤元恩瑞叔侄弟兄等占叁股三零三此为首之指股次之拾股凤文献义叔侄等占贰股凤元恩瑞叔侄等占叁股凤来凤凰弟兄占贰股培熊刚成宽叔侄占壹股凤文登辉弟兄等占贰股此为次之拾股日后照此均分不得错乱固立清单六纸各执一纸为据

姜恩宽笔

显国恩瑞献义凤文凤来凤廷六人各执一纸

光绪十一年七月初六日立分

陆百山场股份清单

文

立分清单字人姜凤来、恩瑞、献义、天富等。所有共山壹块，地名陆百山。

元

其山界限：上凭浪颈之上岭以分下左右冲头，其有右边下冈套之界限，下凭己等小达连[①]之山角，左凭岭，右凭冲。其有左边山之界限，下凭井套中间坪抵培刚等之山横过左边小田边左破冲以下过大田至小田，右凭岭以下井套坪为界，四至分清。此山土股分为陆大股，凤来弟兄占祖公之壹大股，凤元、恩瑞弟兄叔侄等共占祖公之壹大股，凤廷文、献义弟兄叔侄等共占祖公之壹大股，凤来、恩瑞贰宗又买占壹大股，分为贰股，凤来弟兄占乙股，恩瑞弟兄占乙股。恩瑞弟兄又得买乙大股。余存乙大股分为陆小股，凤文、献义叔侄等得买龙姓之三小股，恩瑞弟兄得买龙姓之贰小股，龙发泰弟兄自存占祖公之乙小股。日后照此清单均分，不得错乱。固立此清单存照为据。

外批：凤来弟兄占祖公乙大股分为三小股，献义得买克贞乙小股。

恩瑞执乙纸凤来笔，献义执乙纸凤来笔，凤来执乙纸恩瑞笔

光绪卅年三月初三日　立

①小达连，苗语译音，直意为小三角撑架，此处意为三座如同撑架布列的小山头。小达连在翻达连附近，系相对翻达连而言。

獻義天富等所有共山壹塊地名陸百山其山
上右冲頭其有右边一小岗岺之山限下凴己等之边
左边山之界限下凴井岺中間坪抵培剛等之山
田大田至小田右凴嶺以下井岺坪為界四至分
鳳來弟兄占祖公之壹大股鳳元恩瑞弟兄叔
義弟兄叔侄等共占祖公之壹大股鳳來恩瑞
股鳳來弟兄占乙股恩瑞弟兄占乙股恩瑞弟
兄為陸小股鳳文獻義叔侄等得買龍姓之三
小股龍發泰弟兄自存占祖公之乙小股日後照契
清業存照為據

六小股獻義得買
炙占乙小股

恩瑞批乙緯鳳來筆
獻義批乙緯鳳來筆
鳳來批乙緯恩瑞筆

月 初三 立

何林森培粟杉木栽手断卖契

立断卖栽手杉木字人何林森。今因家下缺少用费，无得出备，自行请中将到地名党秧寨培粟杉山贰块，上凭领（岭）大岩为界，下凭杨胜荣山为界，左凭贵龙田角（脚）老秧田为界，右凭溪为界，四至分明。此山分为伍股，地主占三股，栽手占贰股。本名得买栽手二契。要银出卖，先问房族，无人承受，自愿凭中出卖于江口①谢裕卿兄弟名下承买为业。当日凭中三面言定时值纹银贰拾两零捌钱捌分整，亲手领足应用，并无丢欠分厘。其卖栽手杉木字之后，任凭买主修理管业，卖主不得异言。恐口无凭，上（尚）有此山不明，栽手卖主上前理落，不于（干）买（主）之事。一卖百了，扫卖无存。今欲有凭，立断卖栽手杉木壹纸为据。

天理人心

凭中　刘玉龙　邬义顺　黎长清

宋文宏　姜贵荣　杨洪顺

光绪三十年四月十六日立断卖栽手杉木字人何亦森　亲笔

①江口，锦屏方言读"纲口"，曾系锦屏县固本乡政府驻地，距加池约40公里，毗邻黎平县。2006年江口为三板溪电站水库所淹没。

立斷賣栽手杉木字人何林森今因家下缺少用費無
得出備自行請中將到地名党秧寨培粟杉山式塊上憑領
大岺為界下憑楊勝榮山為界左憑貴龍田角老秧田為界
右憑溪為界四至分明此山分為伍股地主占三股栽手占式
股本名得買栽手式契要銀出賣先問房族無人承受自
愿憑中出賣于江口謝裕卿兄弟名下承買為業當日憑
中三面言定時值紋銀式拾兩零捌錢捌分親手領足、
應用並無丟欠分厘其賣栽手杉木字人之後任憑買主
修理管業賣主不得異言恐口無憑上有此山不明栽主賣
主上前理落不干買之事一賣百了婦賣無春今欲有憑立
斷賣栽手杉木壹紙為據

天理

人心

憑中 劉玉龍 鄔義順 黎長清 宋文宏 姜貴榮 楊洪順

光緒三十年四月十六日立斷賣栽手杉木字人 何林森親筆

陆宗夔弟兄党喉山场杉木断卖契

立断卖山场并土杉木字人中仰寨陆宗夔、求保兄弟二人。为因缺少银用，无处所出，自愿将到地名党喉山场，与恩瑞所共一副在内。其界限：上凭顶大路，下凭田，左凭下乌什之路破为界，右凭茂富山为界，四字（至）分明。自己请中。此山分为九股，先年得买陆高年壹股半，得买志儒壹股，又得买陆母胡氏壹股，共合叁股半。自己请中上门问到与加池寨姜献义名下承买为业，当日凭中议定断价银壹拾贰两捌钱捌分整，亲手领足。银契两交，分文未欠。其山场自卖之后，任凭买主修理管业，卖主不得异言。如有不清，居（俱）在卖主理落，不关买主之事。恐口无凭，立此卖字为据是实。

外批：一副与恩瑞所共，左边田角坎上，大招所栽。此山分为五股，栽手占二股，土股占三股，恩瑞占壹股。此二股分九股，卖三股半，出卖。

外批：添叁字。

凭中　姜恩坤

光绪叁拾年五月十八日　宗夔亲笔　立

立断賣山塲並土杉木字人中仰寨陸宗夔求保兄弟二人為因缺少艮用無處所出自願將土股地名党喉山塲与恩瑞所共一副在内其界限上凴頂大路下凴田左凴下烏什之路破為界右凴茂富山為界四字分明自己請中將此山分為九股先年得買陸高年壹股半得買志儒壹股又得買生母胡氏壹股共合叁股半自己請中上門問到与加池寨姜獻義名下承買為業当日凴中議定断價銀壹拾弍兩捌錢捌分正親手領足銀契两交分文未欠其山塲自賣之後任凴買主修理管業賣主不得異言如有不清居在賣主理落不関買主之事恐口無凴立此賣字為據是實

外批一副与恩瑞所共左边田角坎上大挖所栽此山分為五股弍手占二股土股占三股恩瑞占壹股此二股分九股賣

三股半山賣

外批添叁字

凴中姜恩坤

光緒叁拾年五月十八日　宗夔親筆　立

姜金锫番读勇山场并土股断卖契

立断卖山场并土约人本家姜金锫。为因缺少银用，无处所出，自愿将到地名番读勇山场壹块，界止（址）：上凭文斗之山，下凭文斗之山，左凭岭，右凭大冲为界，四抵分明。今将出卖与本家姜源淋名下承买为（业）。此山土栽分为伍股，地主占三股，栽手贰股。地主三股分为四小股，本名占壹小股出卖。当面凭中议定价足艮（银）壹两零四分正，亲手收足应用。其山自卖之后，恁凭买主上山修理管业，卖主不得异言。倘有不清，俱在卖主理落，不关买主之事。恐后无凭，立此断卖字为据。

内添一字。

凭中　姜献魁

光绪叁拾年十二月二十七日亲笔立

立断賣山場並土約人本家姜金鎬為因缺少
銀用無処所出自愿將到地名番讀勇山場壹
塊界止上憑文斗之山下憑文斗之山左憑嶺
右憑大沖為界四抵分明今將出賣與本家
姜源淋名下承買為業山土栽分為伍股地主
三股栽手弍股地主三股分為四小股本名占
壹小股出賣當面憑中議定價銀壹兩零
〇分〇厘親手領足應用其山自賣之后任憑
買主上山修理管業賣主不得異言倘有
不清俱在賣主理落不関買主之事恐後
無憑立此断賣字為據

内添一字

憑中姜献魁

光緒叁拾年十二月廿七日親筆立

姜祖宋冉各杉木栽手断卖契

立断卖栽手字人本寨姜祖宋。为因缺少银用，无处所出，自愿将到栽手乙块，地名冉各，界止(址)：上凭田，下凭溪，左凭岭与显国之山，右凭岭与信义之山，四至分清。此山地主、栽手分为五股，地主占叁股，栽手占贰股，栽手贰股本名占一股。今将祖宋乙股出卖与姜恩瑞名下承买为业。当日凭中议定价银壹两贰钱整，亲手(收)足应用。自卖之后，恁凭买主修理管业，卖主弟兄不得异言。恐口无凭，立此断卖字为据。

姜中　姜培正
代笔　姜定洪

光绪三十一年十二月十一日　立

立断賣栽手字人本寨姜祖宗為因缺少艰用無從出自愿將到栽手山塊地名冉各界止上凴田下凴溪左凴嶺与縣因之山右凴嶺與信義之山四至分清此山地主栽手分為五股地主占叁股栽手占貳股栽手貳股本名占山股今將祖宗山股出賣與姜恩瑞名下承買為業當日凴中議定價銀壹兩貳分正親手足應用自賣之后總凴買主修理管業賣主弟兄不得異言恐口無凴立此断賣字為據

凴中 姜培正

代筆 姜寵洪

光緒三十一年七月七日 立

姜永兴皆里污山场杉木栽手断卖契

立断卖栽手字人本寨姜永兴,为因缺少银用,无处得出,自愿将到地名皆里污,上凭沟,下凭溪,左凭买主,右凭小冲。此山地主、栽手分为五股,地主占三股,栽手占二股。此栽手二股分拾股,本名占乙股,出卖与姜恩瑞名下承买为业。当日凭中定价钱四百四十文,亲手收足。自卖之后,恁凭买主管业,卖主不得异言。恐口无凭,立此断字为据。

凭中　姜显高

光绪三十一年十二月十三日亲笔　立

立断賣栽手字人來寨姜永
興為因缺少銀用無處得出
自愿將到地名皆里汚上凴溝
下凴溪左凴買主右凴小冲
此山地主栽手分為五股地主
占三股栽手占二股此栽手二股
分拾股本名占乙股出賣与
姜恩瑞名下承買為業當日凴中
定價不四百四十文親手收足
自賣之后任凴買主管業賣
主不得異言恐口無凴立此断
字為據

凴中姜昰高

光緒三十一年十二月十四日親筆立

姜永培皆里污杉木栽手断卖契

立断卖栽手字人本寨姜永培。为因缺少银用,无处所出,自己上门问到将地名皆里污栽手,上凭田,下凭溪,左凭买主,右凭小毫。此栽手、地主分为五股,地主占三股,栽手占贰股。栽手贰股分为十股,本名占乙股出卖与姜恩瑞名下承买为业。当日凭中议定价银四钱五分,亲手收足。自卖之后,恁凭买主修理管业,卖主不得异言。恐口无凭,立此断字为据。

代笔　姜定文

光绪叁拾贰年正月十九日　立押(按手印)

立断賣栽手字人本寨姜承培為因缺
少銀用無处所出自己上門問到将地
名皆里溪栽手上凭田下凭溪左凭
買主右凭小毫此栽手地主分為五股
地主占三股栽手占贰股栽手贰股分
為十股本名占乙股出賣與
姜恩瑞名下承買為業當日凭中議定價
銀四两五分親手收足自賣之后恁凭買主
修理管業賣主不得異言恐口無凭立
此断字為據

代筆姜定文 押

光緒叁拾贰年正月十九日立

姜顺连井瘦杉木栽手断卖契

立断卖栽手字人本房姜顺连。为因缺少粮食,无处所出,自愿将到地名井瘦[1]栽手乙块,界限:上下左右凭买主之山为界,四至分清。此栽手土股分为五股,地主占三股,栽手占贰股。此栽手贰股又分为三股,本名占乙股出卖与 姜恩瑞名下承买业。当日凭中议定价谷九斤,亲手领足。其栽手自卖之后,恁凭买主修理管业,卖主不得异言。今恐无凭,立此断字为据。

凭中代笔　姜凤德

光绪三十二年润(闰)四月廿八日　立

①井瘦,也写作“井书”“井搜”“井收”等,苗语译音,意为土和石较疏松易于滑坡的山。旧时,加池夹苗腔汉语,“书”与“瘦”读音相近。

立断卖栽手字人本房姜顺连，为因缺少粮食，无处出自，愿将到地名井㞗栽手乙块，界限上下左右凭买主之山为界，四至分清。此栽手土股分为五股，地主占三股，栽手占贰股；此栽手贰股又分为三股，本房占乙股出卖与姜恩瑞名下承买为业。当日凭中议定价谷九斤，亲手收足。其栽手自卖之后，任买主修理管业，卖主不得异言。恐后无凭，立此断字为据。

凭中代笔姜凤德

光绪三十二年闰四月廿六日 立

龙发泰弟兄培鸠杉木栽手断卖契

立断卖栽手字人本寨龙发泰、福泰弟兄二人。先年佃到主家山场乙块，地名培鸠，界限：上凭油山，下凭显智、显国以宏顺之山，左凭以买主之山，右凭培刚之山，四字（至）分清。此山地主、栽手分为伍股，地主占三股，栽手占贰（股）。此贰股又分为四小股，本名弟兄占贰小股，出卖与主家姜恩瑞名下承买为业，当日凭中议定断价谷四十八斤，亲手收足应回（用）。字（自）卖之后，恁凭买主上山修理管业，卖主弟兄不得多言。恐口无凭，立此卖字存照。

中笔　姜献义

光绪三十二年五月初四日　立

立断賣栽手字人本寨龍癸泰福
泰弟兄二人先年佃到主家山塲一塊
地名培塢界限上憑油山下憑顕
智頭園以家順之山左憑以買主之山
右憑培剛之山四字分清此山地主
栽手分為伍股地主占三股栽手
占弍此弍股又分為四小股本名弟
兄占弍小股出賣與主家
姜恩瑞名下承買為業当日憑
中議定断價谷四十八斤親手收足
回字賣之後恁憑買主上山修理
管業賣主弟兄不淂多言恐口無
憑立此賣字存照

中 筆姜獻義

光緒三十二年五月初四日 立

乌己溪杉木股份清单

立分合同清单字人格翁寨范之伟，嘉（加）池寨姜凤来凰弟兄、姜恩瑞太弟兄叔侄。所有山场壹块，地名嘉（加）池塘乌己溪，界止（址）：上凭岭洪，下抵溪，左凭大冲，右凭小冲抵姜显国弟兄为界。此山内包有小冲小岭。此山土股分为四两之山，范之伟占山贰两〇捌分，姜恩瑞弟兄叔侄占山壹两四钱正，姜凤来弟兄占山伍钱贰分。日后照此合同清单均分，日后不得争论。其有先年各家所买之老契因股数混杂，固立此清单合同永远存照为据。

凭中代笔　文斗姜世臣

嘉（加）池姜恩瑞存壹纸，姜凤来存壹纸，格翁范之伟存壹纸。

合同叁纸（半书）

光绪叁拾贰年十一月二十二日　立

外批：凤来凰所占之伍钱贰分又分为三股，恩瑞得买克贞乙小股。来笔。

立分合同清单字人格翁寨范之伟、嘉池寨
姜凤来、凤弟兄、姜恩瑞、太弟兄、叔批，所有山场壹块，地名嘉池
唐鸟乌溪界址，上凭岭，下抵溪，左凭大冲，右凭小冲抵姜
登国弟兄为界，此山内包有小冲小岭，此山土股分为四两，之山
范之伟占山弍两〇捌分，姜恩瑞弟兄叔批占山壹两四分〇
姜凤来弟兄占山伍钱弍分，日后出此合同清单均分，日后
不得争论。其有先年各家所买之老契，因股数混杂，固
立此清单合同，永远存照为据。

外批：凤皇、凤来所占之伍分之弍分，又分为三股，恩瑞得买克贞之小股，来祥。

凭中代笔文斗 姜世臣

嘉池 姜恩瑞 存壹纸
姜凤来 存壹纸
格翁 范之伟 存壹纸

合同

光绪叁拾弍年十一月二十二日立

冉高迫山场股份清单

立分清单字人姜兆元、兆瑚、凤文、显渭等。其有众山坐落地名冉高迫上边岭，其有界：上凭显渭上坵长田，下凭河，左凭冲，右上破岭、下破小冲为界。因股数甚繁，人家蕃衍难以清查，故公商议特立清单各执，庶免混争。日后照此分派。其有股数开列于后：

此山分为十九股，献义、成宽、显渭三人共占壹股，显清占贰股，兆瑚、显清、永培兴、显智四家共占壹股，兆元、培宇、显清共占壹股，永培兴共占半股，显清渭共占壹股，兆瑚、永培共占贰股半（分为四小股，永培占三小股，兆瑚占壹小股），隆生弟兄、显清共占半股，六生、凤文、隆生、显清共占一股（分为四小股，每人占一小股），恩瑞厚弟兄等共占壹股，凤文、显清二人占半股（又分为二小股，凤文、献义二人各占一小股），凤文、献义叔侄等占一股半，献义占壹股，显渭占壹股，恩秀弟兄等占贰股（五家共），显清渭占半股（又分为三小股，显清占二小股，显渭占一小股），凤文、春明、显清共占一股（又分为五小股，凤文占一小股，春明占二小股，显清占贰小股），显渭全买凤歧之股与以文、献义等共。

姜凤文存一执（纸），姜显渭存一执（纸），姜显清存一执（纸），姜献义存一执（纸），姜恩瑞存一执（纸），姜永培存一执（纸）

光绪三十三年五月廿六金培笔　立

立分清单字人姜兆元、兆瑚、凤文、昱渭等
共有冢山坐落地名冉高追，上边山岭，共有界
上凴昱渭上垇长田，下凴河，左凴冲，右上破
岭下破小𡶶为界。因股数甚繁，人家蓄衍，难
以清查，故公同商议，特立清单各执，庶免
混争。日后照此分派，共有股数开列于后：

此山分为十九股

献义、成宽、昱渭三人共占壹股
昱清占弍股
兆瑚、昱清、永信、昱智四家共占壹股
兆元、焙宇、昱清共占壹股
永信共占半股
昱清、昱渭共占壹股
兆瑚、永焙共占弍股半（分为众股，永焙占三小股，兆瑚占壹小股）
隆生弟兄、昱清共占半股
六生、凤文、隆生、昱清共占一股，分为四小股，每人占一小股
恩瑞、太厚弟兄等共占壹股
凤文、昱渭二人占半股，又分为二小股，凤文、献义二人占一小股
凤文、献义叔侄等占一股半
献义占壹股
昱渭占壹股
恩秀弟兄等占弍股　五家共
昱清、昱渭占半股，又分为三小股，昱清占二小股，昱渭占一小股
凤文、春明、昱清共占一股，又分为五小股，凤文占一小股，春明占四小股
昱清占弍小股
昱渭全买凤岐之股，与凤文、献义等共

姜凤文存一纸
姜昱渭存一纸
姜昱清存一纸
姜献义存一纸
姜恩瑞存一纸
姜永培存一纸

光绪三十三年五月廿六金培笔　立

赛书争议山场股份清单

立分清单合同字人嘉(加)池姜凤文、显国、恩瑞、献义，文斗姜述圣、锦标等。为因先年祖父有山，坐落地名加池塘，另名赛书之山场壹块，由咸丰年间凤文、述圣之祖父与显国、恩瑞等之祖父两下各执契据兴讼，未经断明，将木充公。延缓迄今，木植复又长大，二比自相商议，不忍损伤族戚谊气，将此山着为贰大股均分。此贰大股又分为四小股，凤文叔侄与献义、元俊叔侄占壹小股，述圣、锦标叔侄占壹小股，显国弟兄、作干叔侄占壹小股，恩瑞、恩泰厚弟兄叔侄占壹小股。其有山界，上凭文斗姜姓山，以小岭为界，下凭岩洞以显国、恩瑞山，左凭上破小岭、下破小冲为界，右凭岩冲直上，两边俱凭显国、恩瑞山为界。自分之后，两下契据总以清单，日后永远各执壹纸存照。

凤文、恩瑞、显国、锦标四人各执壹纸

光绪叁拾三年六月十六日姜恩宽笔　立

立合同四纸，各执壹纸发达(半书)

立分清單合同字人嘉池姜鳳文顯國恩瑞
獻義文斗姜述聖錦標等為因先年祖父有山
坐落地名加池塘另名賓書之山場壹塊由咸
豐年間鳳文述聖之祖父與顯國恩瑞等之祖父
兩下各執契據興訟未經斷明將木充公延緩
迄今木植復又長大二比自相商議不思損傷族
戚誼氣將此山着為弍大股均分 此弍大股又
分為四小股鳳文叔姪五家與獻義允俊叔姪
占壹小股述聖錦標叔姪占壹小股顯國弟兄作
幹叔姪占壹小股恩瑞恩泰學弟兄叔姪占壹小
股其有山界上憑文斗姜姓山以小嶺為界下憑
岩硐以顯國恩瑞山左憑上破小嶺下破小冲
為界右憑岩冲直上兩边俱憑顯國恩瑞山
為界自分之後兩下契據憑以清單日後永遠
各執壹紙存照　鳳文　恩瑞　顯國　錦標　四人各執壹紙
光緒叁拾三年六月十六　姜恩寬筆　立

立分合同[illegible]

姜金培滥木桥山场子杉木断卖契

立断卖山场杉木并土约人本家姜金锫。为因缺少银用，无处所出，自愿将到地名滥木桥冉记山[1]场壹块，界止（址）：上凭顶，下凭土垦柳所之山、遥光[2]老荣虎之共山，左凭岭，右凭冲为界，内有一岭半，四抵分明。此山土股分为四股，本名占一股。又将到观音形山场壹块，界止（址）：上凭坟山，下凭河，左凭献义之共山，右凭格翁范锦香之共山为界，四抵分明。此山土股分为四股，本名占乙股。又将到污漫山场壹块，界止（址）：上凭□（凤）羽之山与路，下凭溪，左凭培刚之山，右凭冲为界，四抵分明。此山土股分为四股，本名占乙股。又将到从父污[3]山场壹块，界止（址）：上凭买主之山，下凭买主之山，左凭帛坡与兆胡之山，右凭买主之山为界，四抵分明。此山土股分为四股，本名占乙股。又将到培格油山杉木壹块，界止（址）：上凭纯秀之田，下凭龙喜泰之山，左凭买主之油山为界，右凭岭与献义之共山为界，四抵分明。此山杉木并土本名承占。此五处之山今将出卖与本家姜源淋名下承买为业。当面凭中议定银四两四钱正，亲手收足应用。其山自卖之后，恁凭买主上山修理管业，卖主不得异言。倘有不清，俱在卖主理落，不关买主之事。恐后无凭，立此断卖为据是实。

外批：滥木乔（桥）与观音形二处所有阴地，卖主与买主所共，日后二比不得相争，前后所买得之山场股数与界止（址）照老契管业，日后卖主不得异言是实。内添一字。

凭中　姜献文

宣统元年二月廿八日亲笔　立

①滥木桥冉记山，在加池寨西南4公里处清水江南岸，已被电站水库所淹没。

②遥光，即今锦屏县河口乡瑶光村。

③从父污，苗语读为“jiǒng wù ōu”，意为水井冲。

立断賣山場杉木並土約人本家姜金鋙為因缺少銀用無处所出自愿将到地名溫木喬冉記山場壹塊界止上凭頂下凭（土星卯之山 荣）遥光老虎二共山左凭嶺右凭冲（內有一石牛）為界四抵分股此山土股分四（為）股本名占一股又将到覌音形山場壹塊界止上凭墳山下凭河左凭献義二共山右凭格翁范錦香二共山為界四抵分股此山土股分為四股本名占一股又将到𫺩慢山場壹塊界止上凭喬羽之山盈路下凭溪左凭培刚二山右凭冲為界四抵分股此山土股分為四股本名占一股又将到𡊷艾𫺩山場壹塊界止上凭買主之山下凭買主之山左凭帛坡每兆胡二山右凭買主之山為界四抵分股此山土股分為四股本名占一股又将到培格由山杉木壹塊界止上凭純秀之田下凭龍喜泰二山左凭買主之山為界右凭嶺每献義二共山為界四抵分股此山杉木並土本名承占此五处之山今将出賣與本家姜源淋名下承買為業當面凭中議定銀四両少千正親手收足應用其山自賣之後任憑買主上山修理管業賣主不得異言倘有不清俱在賣主理落不関買主之事恐後無凭立此断賣為據是實

外批溫木喬每覌音形二处所有陰地賣主每買主所共日後上凡反傳相争前后所買得之山場股數每界止照老契管業日後賣主不得異言是實

内添一字

凭中姜献文

宣统元年二月廿八日 親筆 立

冉皆什山场股份清单

立分卖冉皆什山木分清单。姜凤凰、显韬、恩瑞、献义、凤岐弟兄叔侄等。此山界上凭恩瑞与木旺之山，下凭溪，左凭天保之山，右凭边，上截凭凤岐、献义之山，中截凭作干，下截凭恩瑞、献义之山。此山分为叁大股，凤凰翎、显韬贵弟兄叔侄占乙大股。此乙大股又分为叁小股，凤凰占乙股，凤翎叔侄占乙股，显韬弟兄叔侄占乙股。又与恩瑞泰、凤凰翎、显韬等共占乙大股。此乙大股分为贰小股，凤凰、凤翎、显韬等占乙小股，余乙小股又分为贰小股，恩瑞太弟兄等占乙小股，凤凰私得买祖庆弟兄乙小股。此贰大股分清。恩瑞太、凤凰岐、献义等占乙大股。此乙大股分为四小股，凤凰占祖庆弟兄乙小股，凤岐、献义等占乙小股，恩瑞太弟兄等占贰小股。叁大股分清。日后木植长大发卖，照依清单均分无错。

宣统元年十二月初九日显贵笔立

分清单五张，凤翎、恩瑞、显贵、恩太、献义五人各执一纸。

立分賣再暫什山木分清單字人凤凰跃韬、恩瑞、献义、凰岐弟兄叔姪仝
（坎）此山界上坎恩瑞与木旺之山下坎溪古見天保之山右坎边上
栽凤岐献义之山中栽坎作斡下栽坎恩瑞献义之山
此山分爲叁大股凤鋼顯韬贵韬弟兄叔姪占山大股此山大股又
分爲叁小股凤凰占山股凤鋼叔姪占山股跃韬弟兄叔姪占
山股大爲恩瑞恩泰凤凰凤鋼跃韬弟共占山大股此山大股分爲叁小股
凤凰凤鋼跃韬弟占山小股餘山小股又分（此）爲小股恩太恩瑞弟兄弟占
山小股凤凰私得買祖慶弟兄山小股此叁大股分清恩瑞恩太
凰凤岐献义弟占山大股此山大股分爲四小股凤凰占祖慶弟
兄占小股凤凰凤岐献义弟占山小股恩瑞恩太弟兄弟占叁小股叁大股
分清日後木植長大發賣照依清單均分無錯
宣统元年十二月初九日跃韬贵笔立
分清單五張凤鋼恩瑞献义显贵恩太五人各執一紙

姜金培难乌述杉木土栽股断卖契

立断卖山场土栽字人本寨姜金培。为因缺少银用,无处所出,自愿将到地名难乌述[①]山场乙块,此山界限:上凭土垦与凤来、凤凰、恩瑞之山为界,下凭河与路为界,左凭冲与溪为界,右凭洪与恩瑞之山为界,四抵分明。此山分为三大股,本名伯叔占壹大股,壹大(股)又分为四小股,本名占土栽壹小股,出卖与姜凤凰名下承买为业。当面议定钱贰仟四百文整,亲手领回应用。其山自卖之后,恁凭买主上山修理管业,卖主不得异言。倘有不清,俱在卖主理落,不关买主之事。恐后无凭,立此断卖字为据。

内添二字。

凭中　姜凤元

宣统元年十二月廿六日亲笔　立

①难乌述,即"南污粟",苗语意为箬竹坡的下边,已被电站水库所淹。

立斷賣山塲土栽字人本寨姜金培為因缺少銀用無處所出，自愿將到地名雅鳥述山塲一塊，此山界限上凭土壘為凤来（凤凰）恩瑞之山為界，下凭河為路為界，左凭冲為溪為界，右凭洪為恩瑞之山為界，四抵分明。此山分為三大股，本名伯叔占壹大股，壹大又分為四小股，本名占土栽壹小股，出賣與姜凤凰名下承買為業，當面議定錢弍仟四百文，親手領回應用。其山自賣之後，凭買主上山修理管業，賣主不得異言，倘有不清，俱在賣主理落，不關買主之事。恐後無凭，立此斷賣字為據。

内添二字

凭中姜凤元

道光元年十月廿六日 親筆 立

姜金镕污慢山土地杉木断卖契

立断卖山场杉木并土约人本家姜金镕。为因缺少银用，无处所出，自愿将到污慢山场壹块，界止(址)：上凭买主之山与显清之田为界，下凭溪，右凭买主之山，左凭陆姓之山为界，四抵分明。此山之土本名所占之股，乙概出卖与本家姜源淋名下承买为业。当面凭中议定价银四钱四分整，亲手收足应用。其山自卖之后，恁凭买主上山修理管业，卖主不得异言。倘有不清，俱在卖主理落，不关与买主之事。恐后无凭，立此断卖字为据。

外批：此契日后照老契管业，二比不得相争。

凭中　姜纯秀

宣统贰年七月十六日亲笔　立

立斷賣山場杉木并土約人本家姜金鍩為因缺少銀用無處所出
自愿將到污慢山場土塊界止上凭買主之山與显清之田為界
下凭溪左凭買主之山左凭陆姓之山為界四抵分明將山之土本名
所占之股一概出賣與本家
姜源淋名下承買為業當面凭中議定價銀四两四钱整親手
收足應用其山自賣之後任凭買主上山修理管業賣主不
得異言倘有不清俱在賣主理落不関與買主之事恐後
無凭立此斷賣字為據
外批此契日後照老契管業二比不得相爭

凭中姜純秀

宣統弍年七月十六日 親筆 立

姜献魁皆乜衣匡山场杉木断卖契

立断卖山场杉木并土字人本族姜献魁。为因要银用度，无处所出，自愿将到先年得买金镕之山乙块，地名皆乜衣匡[1]，界趾（址）：上凭田，下凭岩洞，左凭买主之山，右凭凤连与买主之山为界，四字（至）分清。今日凭中出卖与姜源淋名下承买为业，议定价银捌钱正，亲手收足应用。其山自卖之后，恁凭买主上山修理管业，卖主不得异言。倘有不清，俱在卖主上前理落，不关买主之事。恐口无凭，立此断。

宣统贰年八月初九日　亲笔立

①皆乜衣匡，也写作“皆里衣匡”，苗语意为衣匡田的下边。匡，读“强”音。

立断賣山場杉木并土字人本族姜献魁為
因要艮用度無出处，自愿將到先年得
買金鏳之山場一塊，地名皆也衣匡界趾，上憑田下
憑岩洞，左憑賣主之山，右憑风車與買主之山為
界，四字分清。今日憑中出賣與姜源淋名
下承買為業，議定價艮捌两正，親手收足
应用。其山自賣之後，恁憑買主上山修理
管業，賣主不得異言。倘有不清，俱在賣
主上前理落，不関買主之事。恐口無憑，立此斷

宣统贰年八月初九日 立

新買契

買主姓名	不動產種類	坐落	面積	四至				賣價	應納稅額	由賣主揭交舊契張數	立契年月日
姜源淋	杉木	皆衣	山一塊	東至	南至	西至	北至	銀捌錢	洋[illegible]仙弍星	紙價五角	宣統二年八月初九日

賣主 姜献魁

中人 姜顯清

中華民國十四年七月 日 給

姜金镕党周山土断卖约

立断卖山场并土约人本寨姜金镕。为因缺少粮食，无处所出，自祖遗之山，地名党周山场壹块，界止（址）：上凭克顺之山，下凭明高之山，左凭兆瑞之山，右凭明高之山为界，四抵分明。此山分为伍股，地主占叁股，栽手占贰股。
璋
地主叁股分为贰大股，凤至占乙大股，本名伯叔占乙大股。壹大股又分为四小
元
股，本名占乙小股。先年得买凤至壹股，又与本名乙股。此贰股出卖与本家姜源霖名下承买为业。又将党吼山场壹块，界止（址）：上凭显国兄弟之山，下凭显国之田，左凭岭与本家之山，右凭岭与族山为界，四抵分明。又将到冉蜡之禁山乙块，界止（址）：上凭作琦之田，下凭玉连之田，左凭□□之共山，右凭路与买主之田角为界，四抵分明。又将到皆暴库[1]之山壹块，界止（址）上凭水沟，下凭水沟，左凭冲，右凭小冲为界，四抵分明。今将出卖与源霖管业为据。此四处之山当面议定价谷贰伯（佰）斤，亲手收足，二比不得异言。恐后无凭，立此断字为据。倘有不清，俱在卖主理落，不关买主之事。

宣统贰年十月廿四日亲笔　立

①皆暴库，苗语读为“该雹构”，意为往侗家（中仰）去的山坡的下边。

立断賣山場並土約人本寨姜金鍹為因缺少粮
食無处出自祖遺之山地名党周山場壹塊界止
上凴克順之山下凴盼高之山左凴兆瑞之山右凴盼
高之山為界四抵分明此山分為伍股地主占叁股
栽手占弍股地主叁股分為弍大股鳳璋、元垣占一
大股本名伯叔占一大股壹大股又分為四小股本名
占一小股先年得買凤至壹股又無本名一股此
弍股出賣與本家姜源霖名下承買為業
又將党凯山場壹塊界止上凴显国兄弟之山下凴显国
之田左凴岩凴無本家之山右凴岩凴無號山為界四抵
分明又將列冉蜡之禁山塊界止上凴作琦之田下凴
玉连之田左凴……冉之共山右凴路無界主之田角為
界四抵分明又將列皆暴庫之山壹塊界止上凴弟溝下凴
弟溝左凴冲右凴小冲為界四抵分明今將出賣與源霖
管業為據 此四处之山當面議定價化合銀 伯斤 親手收足二比不得異
言憑空無凴立此断字為據倘有不清俱在賣主理落不關買主之事
宣统弍年十月廿四日 親筆 立

姜金锫皆战乌什山场杉木断卖契

立断卖山场杉木并土约人本家姜金锫。为因缺少粮食，无处所出，自愿将到地名皆战乌什山场壹块，界止（址）：上凭土垦，下凭盘路，左凭本家所共之山，右凭买主之山为界，四抵分明。此山土股分为八小股，本名占壹小股出卖。又将到从故乌[①]山场贰块，左边冲壹块，界止（址）：上凭本家之山，下凭大路，左凭半领（岭）与兆胡之共山，右凭领（岭）与买主本家之山，四抵分明。此山土栽分为四小股，本名占乙小股出卖。右边壹块界止（址）：上凭本家之共山，下凭岩洞与大路为界，左凭买主之山，右凭冲为界，四抵分明。今将出卖与本家姜源淋名下承买为业。当面议定价谷陆拾斤正，亲手领足应用。其山自卖之后，恁凭买主上山修理管业，卖主不得异言。恐后无凭，立此断字为据。

内添贰十三字。

宣统贰年十月廿九日亲笔　立

①从故乌，即从富乌，苗语意为水井冲。

立断卖山场杉木并土约人本家姜金钿为因缺少粮食
无处所出，自愿将到地名皆戳乌什山场壹块，界止上凭土垦
下凭盘路，左凭本家，右凭共之山，右凭买主之山为界，内将山（抵下凭）
土股分为八小股，本名占壹小股出卖。又将到涨放乌山场
一块，上凭盘冲壹块，界止上凭本家之山，下凭大路，左凭半股为
界，右凭买主本家之山，内抵分为此山土裁分为
四小股，本名占一小股出卖，右边壹块界止上凭本家之共
山，下凭岩硐，无大路为界，左凭买（主）之山，右凭冲为界，内抵
分为今将出卖与本家
右边之山土股分为八小股，本名占一小股出卖
姜源淋名下承买为业，当面议定价谷陆拾斤
亲手领足应明。此山自卖之后，任凭买主上山修理
管业，卖主不得异言。恐后无凭，立此断字为据。
内添贰字十三字
宣统贰年十月廿九亲笔 立

姜金锫冉谷山场杉木断卖契

（立）断卖山场杉木并土约人本家姜金锫。为因缺少粮食，无处所出，自愿将到地名冉谷山场壹块，界止（址）：上凭田，下凭溪，左凭显韬之山，右凭献义之山为界，四抵分明。此山土栽分为伍股，地主占叁股，栽手占贰股。地主叁股分为四小股，本名占乙小股，出卖。又将到冉里虽①山场壹块，界止（址）：上凭卖主之山，下凭寿明弟兄之山，左凭显韬之山，右凭兆明之山为界，四抵分明。此山土栽分为伍股，地主占三股，栽手占贰股。地主三股分为四小股，本名占乙小股。又栽手贰股，本名又占乙股，出卖与本家姜源淋名下承买为业。当面议定价谷九拾斤正，亲手领足应用。其山自卖之后，恁凭买主上山修理管业，卖主不得异言。恐后无言，立此断卖字为据。

买主不亲（清），卖主理落，不关买主之事。

内添十七字。

宣统贰年十乙月廿四日亲笔　立

①冉里虽，苗语意为锥栗树岭田，在加池往中仰方向约 1.5 公里处。

断卖山场杉木约（华）人本家姜金锆为因缺少粮食无处所出，自愿将到地名冉合山场壹块，界止：上凭田，下凭溪，左凭显韬之山，右凭献义之山为界，四抵分明。此山土栽分为伍股，地主占叁股，栽手占贰股，地主叁股分为四小股，本名占一小股出卖。又将到冉里雏山场壹块，界止：上凭卖主之山，下凭寿明弟兄之山，左凭显韬之山，右凭兆胡之山为界，四抵分明。此山土栽分为伍股，地主占三股，栽手占贰股，地主三股分为四小股，本名占一小股，又栽手贰股本名又占一股出卖与本家姜源淋名下承买为业，当面议定价银九钱，亲手领足应用，其山自卖之后，任凭买主上山修理管业，卖主不得异言。恐后无凭，立此断卖字为据。买主不执，卖主理落，不关买主之事。

内添十七字

宣统贰年十一月廿四日执笔立

姜金镕冉皆什山土断卖契

立断卖山场并土约人姜金镕。为因缺少粮食,无处所出,自愿将到地名冉皆什山场壹块,界止(址):上凭盘路,下凭风来之山,左凭大冲与本家之山,右凭洪与兆璠之山为界,四抵分明。今将出卖与姜源霖名下承买为业。当面议定价谷叁十四斤正,亲手领足应用。其山自卖之后,恁凭买主上山修理管业,卖主不得异言。倘有不清,俱在卖主理落,不关买主之事。恐后无言,立此断卖字为据。

外批:此山土股分为四股,本名占乙股出卖。

宣统贰年十二月十四日亲笔　立

立断賣山塲並土約人姜金鎔為因缺少糧食
無出，自愿將到地名冉皆什山塲壹塊，界止
上憑盤路，下憑凤来之山，左憑大冲與本家之山，右
憑洪巖、兆璠之山為界，四抵分明，今將出賣與
姜源霖名下承買為業，當面議定價八合叁十四斤
親手領足應用，其山自賣之後，恁憑買主上山修理
管業，賣主不得異言，倘有不清，俱在賣主理
落，不關買主之事，恐後無憑，立此断賣字為據。
外批：此山土股分為四股，本名占乙股出賣

宣統弍年十二月十四日親筆立

姜乔发弟兄党东油山断卖契

立断卖油山字人本房姜乔发、顺弟兄二人。为因缺少钱用，无处所出，自愿将到地名党东之油山壹块，界止(址)：上凭大路，下凭显贵之油山与显国之山，左凭买主之油山，右凭洪，四抵分明。今将出卖与姜源淋名下承买为业，当面议定价钱捌佰捌拾文，亲手领足应用。自卖之后，任凭买主修理管业，买主不亲(清)，俱在卖主理落，卖主不得异言。恐口无凭，立此断卖字为据。

亲笔

宣统贰年十二月贰十日　立

立断賣油山字人本房姜喬順等弟兄二
人為因缺少不用無處所出自愿将
到地名党東之油山壹塊界止上憑大路
下憑顕貴之油山與昰国之山左憑買主之油
山右憑洪四保分明今将出賣與姜源淋
名下承買為業當面議定價銀捌百捌拾文
親手領足應用自賣之後任憑買主修理
管業買主不親俱在賣主理落賣主不得
異言恐口無憑立此断賣字為據

親筆

宣統弍年十二月弍十日　立

姜寿明污漫杉木栽手断卖契

立断卖栽手杉木字人本寨姜寿明、寿连 四保兄弟三人。为因缺少粮食，无处所出，自愿将到地名污慢栽手壹块，界止（址）：上凭盘路为界，下凭买主之山为界，左凭玉连 凤沼之共山，右凭岭与买主之共山为界，四抵分明。今将出卖与本寨姜源淋名下承买为业。当面议定价谷肆拾斤正，亲手领足应用。其山自卖之后，恁凭买主上山修理管业，卖主不得异言。倘有不清，俱在卖主理落，不关买主之事。此山分为伍股，地主占三股，栽手占贰股。栽手贰股分为三小股，本名兄弟占壹股出卖。恐后无凭，立此断卖字为据。

内涂二字。

请代笔　姜金锫

宣统贰年十二月廿六日　立

立断賣栽手杉木字人本寨姜壽明壽連四保兄弟三人為因缺少糧食無处所出自愿將到地名冲慢栽手壹塊界止上凭盤路為界下凭買主之山為界左凭玉連鳳沼之共山右凭嶺為買主之共山為界四抵分明今將出賣与本寨姜源淋名下承買為業当面議定價谷明拾斤正親手領足應用其山自賣之后任凭買主上山修理管業賣主不得異言倘有不清俱在賣主理落不関買主之事其山分為伍股地主占三股栽手占弍股栽手弍股分為三小股本名兄弟占壹股出賣恐后無凭立此断賣字為據

内涂一字

請代筆姜金鎔

宣統弍年十二月廿六日 立

姜金锫冉培太等山场杉木断卖契

立断卖山场杉木并土字人本家姜金锫。为因缺少良(银)用,无处所出,自愿将到地名冉培太山场壹块,界止(址):上凭顶田,下凭水沟,左(凭)买主之山,右凭凤沼之油山以下三公山为界。此山土栽分为二股,出卖乙股。又将培鸠山场壹块,上凭田与油山为界,下凭土垦,左凭岭,右凭培刚。又上边岭壹块,界止(址):上凭田,下凭岩洞,左凭买主,右凭岭。又将到到乌慢山场乙块,上凭盘路与凤岐之山为界,下凭岩洞,左凭玉连与凤沼之共山,右凭岭。又将皆笼山场壹块,上凭田,下凭岩洞,左上凭岭,左下凭小冲,右凭大冲为界。此四处四抵分明。此山土股分为四股,本名占乙股,出卖与姜源淋名下承买为业。当面凭中议定价良(银)拾贰两正,亲手领足应用。其山自卖之后,恁凭买主上山修理管业,卖主不得异言。恐后无凭,立此断卖字为据。

内添四字。

宣统三年九月廿七日亲笔　立

注:此契于民国2年(1913年)8月15日到开泰县验证。

立断賣山塲杉木並土字人本家姜金鍣為因缺少艮用無處所出
自愿將到地名冉培太山塲壹塊界止上凭頂下凭田左凭買主之山
右凭冈沼之田山以下三公山為界此山土栽手分為二股出賣乙股又將坐槐
山塲壹塊上凭田為油山為界下凭土邑左凭岭右凭培剛又上边岭
壹塊界止上凭田下凭岩洞左凭買主右凭岭又將冲烏慢山塲乙塊
上凭盤路為風岐之山為界下凭岩洞左凭玉連為風沼之共山右凭岭
又將到地名乾山塲壹塊上凭田下凭岩洞左上凭岭右下凭小沖右凭
為界此四处抵股此山土股分為四股本名占乙股出賣為
姜源淋名下承買為業當面議定價艮拾分兩正
親手收足並用此山自賣之後任憑買主上山修理管業賣主
得異言今恐無憑立此断賣字存據

訖

内添道字

宣統三年九月廿七日　親筆　立

姜寿连弟兄污漫溪杉木栽手断卖契

立断卖栽手字人本寨姜寿连、四保弟兄叔侄。为因缺少粮食，无处所出，自愿将到地名污慢溪之栽手乙块。此山界趾（址）：上凭盘路与凤岐之山，下凭岩洞与买主之山，左凭凤沼之山，右凭买主之共山。其山土栽分为五股，土主占三股，栽手占贰股。栽手之贰股又分为三股，弟兄叔侄占乙股，今将出卖与姜恩瑞名下承买为业。当面面凭中议定价谷肆拾斤，亲手领回应食。自卖之后，恁凭买主上山修理管业，卖主不得异言。恐后无凭，特立此断字是实。

内添九字

凭中　姜春明

代书　姜元贞

大汉民国壬子年叁月初六日　立

立断賣栽手字人本寨姜寿連四保弟兄叔侄為因缺少糧食無處所出自愿將到地名污慢溪之栽手乙塊此山界趾上憑盤路与鳳岐之山下憑岩洞与買主之山左憑鳳沼之山右憑買主之共山其山土栽分為五股土主占三股栽手占弍股栽手之弍（又分為三股）股弟兄叔姪（占乙股）今將出賣与姜恩瑞名下承買為業當面憑中議定價谷肆拾斤親手領回應食自賣之後任憑買主上山修理管業賣主不得異言恐後無憑特立此断字是实

内添九字

憑中姜春明

代笔姜元貞

大漢民國壬子年叁月初六日 立

姜双连井书杉木栽手断卖契

立断卖栽手字人本寨姜双连。为因缺少粮食,无处所出,自愿将到地名井书之栽手乙块,界趾(址):上凭培刚与买主之山为界,下凭买主之山,右凭中仰与买主之山,左凭买主山以为界,四抵分明。此山土栽分为五股,地主占叁股,栽手占贰股。栽手之贰股又分为叁小股,本名占乙股。今将出卖与姜恩瑞名下承买为业。当面议定价谷拾斤整,亲手领足应食。自卖之后,恁凭买主上山修理管业,卖主不得异言。恐口无凭,特立此断卖字为据。

外批:内加一字。

代笔　姜元贞

大汉壬子年五月拾一日　立

立断賣栽手字人本寨姜双连為因缺少糧食無處所出自愿將到地名井書之栽手乙塊界趾上憑培剛與買主之山為界下憑買主之山右憑中仰與買主之山左憑買主之山以為界四抵分明此山土栽分為五股地主占叁股栽手占弍股栽手之弍股又分為叁小股本名占乙股今將出賣與　姜恩瑞名下承買為業当面議定價谷拾斤悪親手領足應食自賣之後恁憑買主上山修理管業賣主不得異言恐口無憑特立此斷賣字為據

外批内加一字

代笔姜元貞

大漢壬子年五月拾一日　立

龙海清小乌漫溪土地杉木断卖契

立断卖地土杉木字人家什寨龙海清。为因缺少用费,无出,自愿将到先父分占祖遗之山场壹块,坐落地名小乌曼溪,其界:上凭土埂,下凭溪,左凭岭以岩洞头为界,右凭献义之山为界,四抵分明。今凭中出断卖与瑶光寨姜培恕名下承买为业。当凭中议定断价钱捌仟零八十文,亲手领足应用,分文无欠。其山自卖之后,恁从买主修理蓄禁管业,卖主房族弟兄不得异言。倘有不清,卖主上前理落,不与买主相干。恐后无凭,立此断卖地土杉木字永远承照为据。内添一字。

凭中 姜凤祥
吴有恒
代笔 姜吉元

大汉民国元年十月廿八日 立

立斷賣地土杉木字人家什寨龍海清為因缺少用費無出自愿將到先父分占祖遺之山塲壹塊坐落地名小烏曼溪其界上憑土埂下憑溪左憑嶺以岩硐頭為界右憑猷義之山為界四抵分明今憑中出斷賣與理光寨姜培恕名下承買為業當憑中議定斷價錢捌仟零八十文親手領足應用分文無欠其山自賣之後德從買主修理蓄禁管業賣主房族弟兄不得異言倘有不清賣主上前理落不與買主相干恐後無憑立此斷賣地土杉木字永遠承照為據

内添一字

憑中　姜鳳祥　吳有恆

代筆　姜言元

大漢民國元年十月廿八日　立

唐其鼎培粟山杉木栽手断卖契

立断卖栽手杉木字人乃吼寨[1]唐其鼎。为因要钱急用,无出,自愿将到亲手得买江口谢裕卿杉木栽手二块,地名党秧寨培粟山,其界上凭岭大岩为界,下凭杨胜荣山为界,左凭贵龙田角老秧田为界,右凭溪为界,四至分明。此山分为五大股,地主占三大股,栽手占二大股,本名得买何姓卖与谢姓之栽手二大股,出断卖与瑶光河口姜培恕先生名下承买为业,当日凭中三面议定价足银贰拾肆两零八分整,亲手收回应用,不欠分厘。其山自卖之后,任凭买主蓄禁修理管业,卖主弟兄房族人等不得异言。恐口无凭,立此断卖栽手字为据。

凭中　唐培书　姜廷梁

民国癸丑年正月十六日　亲笔立

①乃吼寨,也称赧侯寨,即今锦屏县固本乡南河村,距加池约40公里。因位于南雅河边,属三板溪电站水库淹没区域,2006年搬迁到原址后山。

立断卖栽手杉木字人乃吼寨唐其鼎為因要
錢急用無出自愿将到親手得買江口謝裕绵杉
木栽手二塊地名党秩寨塝粟山其界上凭顶
大岩為界下凭楊勝榮山為界左凭貴龍
田角乞秩田為界右誉溪為界四至分明此山
分為五股地主占三大股栽手占二大股本名
得買何姓賣與謝姓之栽手二大股，出断賣與
瑶光河口姜塝恕先生名下承買為業當日
凭中三面議定價足银弍拾肆两零八分整
親手收回應用不欠分厘其山自賣之後任
凭買主蓄禁修理管業賣主弟兄房
族人等不得異言恐口無凭立此断賣栽
手字為據

按交栽手契弍張

凭中　唐塝書
　　　姜廷樑

民国癸丑年正月十六日親筆立

姜凤祥培格油山断卖契

立断卖油山、杉木字人本房姜凤祥。为因缺少粮食，无处所出，自愿将到地名培格油山乙块，上凭田，下凭田，左凭公山，右凭买主油山与杉山为界，四抵分明。今将出卖与姜恩瑞承买为业。当日凭中议定价谷乙百二十斤整，亲手收足。自卖之后，忍（任）凭买主修理管业。恐有不清，俱在卖主理落，不关买主之事。恐后无凭，立此断卖为据。

内涂乙字，添二字。

凭中　姜渭滨

代笔　姜文举

民国癸丑年三月二十九日　立

立断賣油山杉木字人本房姜盧祥為因
缺少糧食無處所出自愿將到地名㘵格油
山乙塊上憑田下憑田左憑公山右憑買主油山
與杉山為界四抵分明今將出賣與
姜恩瑞承買為業當日憑中議定價谷乙百二十
斤其艮親手收足自賣之後恐憑買主
修理管業恐有不清俱在賣主理落
不關買主之事恐後無憑立此断賣
為據

内塗乙字
内添二字

憑中姜渭濱
代筆姜文舉

民國癸丑年三月二十九日　立

污冉丹右边岭股份清单

民国二年六月十八日卖污冉丹右边岭三公山，上凭献义等山，下凭献义以河为界，左凭岭路为界，右凭溪为界。此山卖这届，分账照三大公股派股：

甫明之股凤凰占乙股，凤灵天保占乙股，显韬弟兄等得买克贞乙股。此公作为三股分。甫元公股分为作六股，恩瑞占贰股半，天保得买金培之股与永炽、文举弟兄共占乙股半，显邦弟兄占乙股，兴义弟兄占乙股。甫臣公之股分作廿四股，献义、后培公孙共占陆股，显韬弟兄等占三股，生发占乙股，来发占乙股，显韬占凤岐乙股，凤瑞、吉祖十家等占陆股，福寿占三股，显邦弟兄占三股。众山友等照以上股数分派银两，当合议，特立此分单以留下届卖木照分，立此分单存照。

共立四纸，显韬存恩宽笔，凤沼存梦松笔

恩瑞存

姜献义笔乙纸

注：原稿甫臣之股共计为二十五股。

民國二年六月十八日賣污冉丹右边嶺三公山上抵獻義
爷山下抵獻義山以河為界左抵嶺路為界右抵溪為界
此山賣這屆分賬照大股三公派股甫明之股鳳凰占乙股
鳳靈天保占乙股顯韜弟兄得買克貞乙股此公作為三股
分甫元公股分作六股恩瑞占弍股半天保得買金培之股每
永熾文譽弟兄共占乙股半顯邦弟兄占乙股丹義弟兄
占乙股甫臣公之股分作廿四股獻義從培公孫共占陸股
顯韜弟兄共占三股生發占乙股來發占乙股顯韜占
鳳岐乙股鳳瑞吉祖十家共占陸股福寿占三股顯邦弟兄占三
股衆山友等照以上股數分派銀兩當合議特立此
分單以留田下屆賣木照分立此分單存照
共立四紙 顯韜存恩寬存風沼存夢松筆
恩瑞存
姜獻義筆乙紙

污在丹山场股份清单

立分清单字人姜恩瑞、献义、凤德、梦熊、永职等。有共山壹块，地名污在丹，界趾（址）：上凭三公山，下凭溪，左上截凭献义山，左下截凭三公山，右凭冲，四抵分明。今卖与格翁范玉祯、本寨姜梦松砍伐，价银壹佰零捌两八钱整。此山土股分为肆大股，献义占贰大股，恩瑞占壹大股，永职、梦熊、凤德等占壹大股。此壹大股又分为贰股，梦熊占壹股，余壹股又分为贰小股，凤德占壹小股，永职兄弟占壹小股。此山股数分清，日后照依此清单分派管业，不得错乱。特立此清单为据，子孙永远存照。

梦熊得买金镕之股，凤德得买文举之股。

共立清单四纸，恩瑞、献义、梦熊、凤德四人各执一张。

中华民国四年乙卯岁六月廿八日梦熊笔　立

立分清单字人姜恩瑞、獻義、鳳德、夢熊、永職等有共山壹塊，地名污在丹界趾上洸三公山下洸溪左上截洸獻義山左下截洸三公山右洸冲，四抵分明。今賣與格翁范玉禎、本寨姜夢松砍伐，價艮壹佰零捌两八錢整。此山土股分為肆大股，獻義占貳大股，恩瑞占壹大股，永職、夢熊、鳳德等占壹大股。此壹大又分為貳股，夢熊占壹股，餘壹股又分為貳小股，鳳德占壹小股，永職兄弟占壹小股。此山股數分清，日後照依此清单分派管業，不得錯乱。特立此清单為據，子孫永遠存照。

共立清单四張，恩瑞、獻義、夢熊、鳳德四人各执一張。

夢熊得買金鎔之股

鳳德得買文举之股

中華民国四年乙卯歲六月廿八日夢熊筆 立

姜金镕之修土地杉木断卖契

立断卖山场杉木并土约人本家姜金镕。为因缺少钱用，无处所出，自愿将到地名之修[1]山场共山壹块，界止（址）：上凭田，下凭培刚下凭买主之山，左上凭冲与凤岐之山，左下凭岭，右凭冲为界，四抵分明。此山土栽分伍股，地主占三股，三股又分为四小股，本家占贰股。二股分为四股，买主私占壹股。三股分为四股，本名占壹股。今将出卖与本家姜恩瑞名下承买为业。当面凭中议定价钱九百八十文，亲手领足应用。其山自卖之后，恁凭买主上山修理管业，卖主不得异言。恐后无凭，立此断卖字为据。

凭中　姜渭滨

民国乙卯（年）十月卅日　亲笔　立

①之修，也写作"之收""之休"，苗语译音，意为果子坡。之，苗语意为个或颗；修，苗语意为无水的干地。

立断賣山場杉木並土約人本家姜金鎔
爲因缺少錢用無处所出自愿将到地名
之俢山場共山壹塊界止上憑田下憑培剛下憑
買主之山左上憑冲無凤岐之山左下憑蘋
右憑冲爲界四抵分明此山土栽分爲伍股地
主占三股二股又分爲四小股本家占弍股二
股分爲四股買主私占壹股三股分爲四股本名
占壹股今將出賣與本家
姜恩瑞名下承買爲業當面憑中議定價錢
九百八十文親手領足應用其山自賣之後
恁憑買主上山修理管業賣主不得異言恐
後無憑立此断賣字爲據

憑中姜渭濱

民國乙卯十月卅日親筆立

姜永炽等皆野乌山土地杉木断卖契

立断卖山场杉木并土、栽手字人姜永炽清、文举三人。为因缺少银用，无处所出，自愿将到山场乙块，地名皆野乌，上凭田与沟，下凭溪，左凭岩梁，右凭小毫。此山界趾(址)分明。此山分为拾两，三人所占乙两七分半。今将凭中族叔出断与伯姜恩瑞名下承买为业。当日凭中议定价银七两八钱八分整，亲手收足应用。自卖之后，恁凭买主修理管业，卖主三人不得异言。恐口无凭立此断卖字永远承照。

内添乙字、涂乙字

凭中　族姜渭滨

中华民国四年五月初十日文举亲笔　立

皆里污姜永清国、文举一概卖完本人为业[1]。

①此行字为另外加红纸条批注。

立断賣山塲杉木並土栽手字人姜永清咸文舉
三人為因缺少銀用無處所出自愿將到山塲
乙塊地名皆野高上憑田與溝下憑溪右憑岩梁
左憑小毫此山界趾分明此山分為拾兩三人所占
[redacted]乙兩七分半今將憑中族叔出断與伯
姜恩瑞名下承買為業当日憑中議定價銀七兩
八錢八分整親手收足應用自賣之後憑買主
修理管業賣主三人不得異言恐口無憑立此
断賣字永遠存照

内添乙字塗乙字

憑中族姜渭濱

中華民國四年　五月初十日文舉親筆　立

井蒿山场股份清单

立分清单字人本寨姜凤凰灵弟兄叔侄、培刚、凤岐、恩光、祖照、源淋、永职等所有共山乙块，地名井蒿，界：上凭田，下抵源淋之山，左凭冲，上截凭凤岐、恩光等之山，下截凭源淋之山，右凭冲，上截凭培刚之山，下截凭抵源淋之山为界，四至分清。此山分为贰大股，源淋兄弟占乙大股，今乙大股又分为贰股，凤凰灵弟兄叔侄占乙股，今乙股又分为五小股，培刚、祖召共占三股，凤岐、恩光占二小股。二大股分清。日后子子孙孙照此。

清单三纸，各执一纸存照。

凤凰执一纸，培刚执一纸，源淋执一纸。

凭中代笔　姜凤德

外批：内涂二字。附山场简图（略）。

合同叁纸各执壹纸（半书）

民国五年十一月廿八望日　立

立分伴單字人今寡姜鳳飆弟兄叔侄垲
剛、鳳岐、恩光、祖照、源淋、永熾、坊秀、有英山
乙塊地名井萬界上憑田下抵源淋之山左
憑沖上截憑鳳岐恩光之山下截憑源淋之
山右憑沖上截憑垲剛之山下截憑坎源淋之
山右界四至分清此山分為弍大股源淋兄弟占
乙大股今乙大股又分為[illegible]弍股鳳飆弟兄叔
侄占乙股今乙股又分為五小股垲剛祖召英占
三股鳳岐恩光占二小股二大股分清日后子
孫照此清單三紙各執一紙存照

鳳岐執一紙　垲剛執一紙
源淋執一紙

憑中代筆姜鳳德

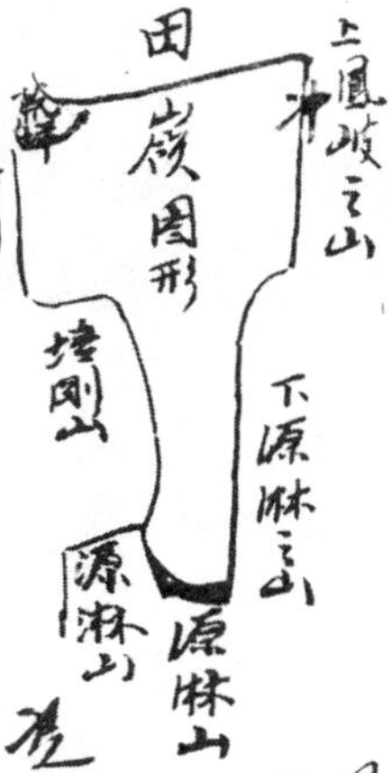

外批內塗二字

長房合同三人各執一紙

民国五年十一月二十八日　立

姜永炽皆路脚土地杉木断卖契

立断卖山场杉木并土字人本家姜永炽。为因缺少银用,无处所出,自愿将到地名皆路脚山场乙块,界止(址):上凭土坎,下凭河,左凭恩送之山,右凭岭与本名所共之山,四抵分清。又乙块地名从松仰,界止(址):上凭凤凰之山土坎,下凭冲,左凭上房六公之山,右凭小凹之土坎,四抵分清。贰处山场自愿上门卖与姜源淋承买为业。凭中议定价银五钱陆分整,亲手收足。自卖之后,任凭买主修里(理)管业,(卖主)日后不得异言。恐有不清,俱在卖主理落,不关买主事。恐口无凭,立此断卖字为据。

外批:此山土股分为三十二股,本名占乙股出卖。内添贰字,内涂一字。

凭中　姜渭滨　亲笔

民国六年正月廿乙日　立

皆路脚山得买大伯姜永职之股,从松仰也得①。

①此句系另外用纸条批注。从松仰也得,苗语意为中仰冲田下边。

立斷賣山場杉木並土字人本家姜永熾為因缺少
錢用無處所出自愿將到地名背路脚山場乙塊界止
上凭土坎下凭溝左凭恩送之山右凭嶺與本名所共之山
四抵分清又乙塊地名從松仰界止上凭鳳凰之山土坎下
凭沖左凭上截六公之山右凭小凹之土坎四抵分清式處出賣自
愿上門賣與姜頌燃承買為業凭中議定價銀伍錢隨
分正契文親手收足自賣之後任凭買主修理管業日
後不得異言恐有不清俱在賣主理落不與買主之事恐口
無凭立此斷賣字為據

外批此山分為三十六股本名占乙股出賣 内塗一字

内添式字

中凭 姜渭濱 親筆

民國六年 正月廿乙日 立

姜永炽冉皆什山场杉木断卖契

立断卖山场杉木栽手土字人本家姜永炽。为因缺少银用,无处所出,自愿将到地名冉皆什山乙块。其山界止(址):上凭洪与献义之山,下凭凤来之山,左凭大冲与本家之山,右凭凤凰之山,四抵分清。出卖与姜源淋名下承买为业。当面凭中议定价艮(银)叁钱六分整,亲手收足应用。卖(主)不得异言。倘有不清,俱在卖主理落,不关买主之事。恐后无凭,立此断卖字为据。

外批:此山栽手全占,出卖照老约管业。

凭中　春茂　永职亲笔

民国丁巳年四月廿六日　立

立斷賣山塲杉木栽手土字人本家
姜永熾為因缺少銀用無處所出
自愿將到地名冉皆什山乙塊其山界止
上憑洪與猷義之山下憑屬来之山左憑
大冲與本家之山右憑鳳凰之山四抵分
請出賣與姜源淋名下承買為業當面
憑中議定價艮叁十六卜五兩親手收足應
用賣不得異言倘有不清俱在賣主理落
不閞買之事恐後無憑立此斷賣字為
據
外批此山栽手全占出賣照老約管業
憑中春 姪人 永熾親筆
民國丁巳年四月廿六日立

姜保连叔侄挽里西杉木栽手断卖契

立断卖杉木栽手字人本寨姜保连、记连、苟记叔侄。为因缺少粮食，无处所出，自愿将到山场栽手壹块，地名挽里西①，其山界止（址）：上凭买主之山与土垦为界，下凭卖主之山，左凭显邦之山，右凭显邦之共山，四抵分清。此山土栽分为伍股，地主占叁股，栽手占贰股。此栽手分为贰小股，本名叔侄占壹小股。今将出卖与姜源淋名下承买为业。当面议定价谷柒斤，亲手收足应用。自卖之后，恁凭买主修理管业，卖主叔侄不得异言。倘有不清，俱在卖主上前理落，不关买主之事。恐后无凭，立此断字为据。

代笔　姜双富

民国丁巳年（1917 年）六月拾贰日立

①挽里西，苗语译音，也写作“挽西熙”，意为又开新田的地方。

立斷賣杉木栽手字人本寨姜保
連、記連、苟記叔姪爲因缺少粮食無
從處出自愿將到山場栽手壹塊地名
梘里西其山界上憑買主之山下土星寨
下憑賣主之山左憑顆邦之山右憑顆邦
之共山四抵分清此山土栽分爲伍股地主
占叁股栽手占貳股此栽手分爲貳小股本
名叔姪占壹小股今將出賣与
姜源森名下承買爲業當面議定價
谷叁斤親手收足應用自賣之後憑買
主修理管業賣主叔姪不得異言倘有
不清俱在賣主上前理落不關買主之
事恐後無憑立此斷字爲據

代筆姜双富

民國丁巳年六月拾貳日　立

姜双富显则山场杉木并土断卖契

立断卖山场杉木并土字人本家姜双富。为因缺少银用,无处所出,自愿将到地名显则之山壹块,界止(址):上凭洪路,下凭岩洞与文斗之山,左凭洪路,右凭之渭之山,四抵分清。又壹块地名皆报裤[1],界止(址),上凭水沟,下凭水沟,左凭冲与岩洞,右凭冲与龙秉寿之共山为界,四抵分清。此山分为捌股,本名壹股,今将出卖与姜源淋名下承买为业。当日议定价银贰两八分整,亲手收足应用。自卖之后,恁凭买主修理管业,卖主不得异言。倘有不清,俱在卖主理落,不关买主之事。恐后无凭,立此断字为据。

内添三字

亲笔　立

民国六年十月廿日　立

①皆报裤,也写作“皆报故”,意为往侗家(中仰)去的山包下边。

立断卖山场杉木并土字人本家姜
双富为因缺少银用无从出处自将到地
名培显则之山壹块界止上凭洪路下凭
岩洞与文斗之山左凭洪路右凭之渭
之山四抵分清又壹块地名皆板樟界
止上凭水沟下凭水沟左凭冲与岩洞
右凭冲与龙秉寿之共山为界四抵分
清此山分为捌股本名占股今将出卖
与　姜源淋名下承买为业当日议
定价银贰两口下悉亲手收足应用自
卖之后任凭买主修理管业卖主不得异
言倘有不清俱在卖主理落不关买
主之事恐后无凭立此断字为据

内添三字

亲笔立

民国[illegible]年十月廿日　立

金盘形老三公山股份清单

立分清单合同字人姜凤凰沼、凤元翎、献义魁、源淋叔侄公孙等老三公山，地名金盘形。其山界限：上凭顶，下凭迫坡与凤凰叔侄之山，左凭冲，右上截凭岭，下截凭迫坡与凤凰叔侄之山为界。此山土栽分为五股，地主占三股，栽手占贰股。地主之三股分列于后：

姜凤凰翎叔侄共占壹股，此一股又为三小股，显韬叔侄先年得买克贞壹股；姜凤元、源淋叔侄公孙共占壹股；姜凤沼岐、献义魁叔侄公孙等共占壹股。此三股之山分清。日后木植长（大）发卖，照此分单均分，各支子孙不得争多论寡。恐说无凭，立此分单各支各执一张为据。

外批：塘东姜炳芳来佃种，字①存于献义手收。

分立合同三张各执一纸（半书）

民国七年正月十五日姜元贞笔　立

①字，指佃山契约。

立分清单合同字人姜凤沼、凤德、凤翎、元献、献义、献魁、源淋叔侄
公孙等之老三公山地名金盘形，其山界限上凭顶，
下凭坦坡与凤凰叔侄之山，左凭冲，右凭上凭截凭岭，
下截凭坦坡与凤凰叔侄之山为界。此山土栽分为五
股，地主占三股，栽手占贰股。地主之三股分列于后：
姜凤翎、凤凰叔侄共占壹股，此一股又为三小股，显翰叔侄先年得买克贞壹股；
姜凤元、源淋叔侄公孙共占壹股；
姜凤岐、沼、献义、献魁叔侄公孙等共占壹股。此三股之山
分清，日后栽植长成卖照此分单均分，各支子
孙不得争多论寡。恐后无凭，立此分单叁纸，
各执一张为据。
外批：塘东姜炳芳来佃种，字存于献义手收。

民国七年正月十五日 姜元贞笔立

姜长贵补先右杉山断卖契

立断卖油山杉木字人本房。为因缺少钱用,无处所出,姜长贵自愿将到地名补先右油山乙块,界止(址):上凭买主之油山,下凭水沟,左凭小冲与凤林之山,右凭岭与保连之山为界,四至分清。当面凭中出卖与姜源淋名下承买为业。议定价钱六百四十文,亲手收足应用。倘有不清,俱在卖主理落,不关买主之事。恐口无凭,立此断卖为据。

中笔　姜凤岐

民国戊午年二月初十日　立

立断賣油山杉木字人本房為
因缺少錢用無處所出姜長
貴自愿將到地名補先右油山
乙塊界址上抵買主之油山下
抵水溝左抵小冲為鳳林之山右
抵嶺為保連之山為界四至分
清出面憑中出賣與
姜源淋名下承買為業議
定價錢六百四十文親手收足應
用倘有不清俱在賣主理落不
関買主之事恐口無憑立此斷
賣為據

中筆 姜鳳岐

民國戊午年二月初十日 立

皆梭山场股份清单[1]

民国戊午七年五月廿四日，姜继连、梦保熊鳌岩、永职源淋、文举等，所有共山壹块，地名皆梭[2]。其山界止（址）：上凭油山垦，下凭冲，左凭显渭清之共山，右凭冲以田角下为界。此山地主分为四大股，梦熊占乙大股，梦鳌占乙大股，源淋占乙大股，继连兄弟占半股，永炽清、文举共占半股。今卖与本寨姜作文砍伐作贸，议定价足银玖两捌钱四分。

梦熊笔立三张，文举笔二张，各执一纸　三号

①本清单有三分书，但字迹难辨。

②皆梭，苗语译音，意为芭蕉树下边，在加池寨后面1公里许。

民國戊午七年五月曹姜保继岩連夢熊鰲源淋永職文舉等

所有共山壹塊地名皆梭其山界止上凴油山垦下凴

冲左凴顕渭顕清之共山右凴冲以田角下為界此山地主

分為四大股夢熊占一大股夢鰲占一大股源淋占一大股

继連兄弟占半股 永清 永職 文舉共占半股今賣与本

寨姜作文砍伐作貿議定價足根玖両捌錢四分

夢熊筭下五三股 文舉筭二股各執一張

[illegible]

三号

龙代弟皆从套杉木栽手断卖契

立断卖杉木栽手字人本寨龙氏代弟。为亲夫去世，无所出，自愿将到先年佃到姜凤翎凰、保连、源淋等之共山壹块，地名皆从套右边冲，界趾（址）：上凭凤岐、凤文、源淋等之山与土塁为界，下凭冲，左凭岭边与凤歧、献义等之山，右凭屋地角以下冲为界，四抵分清。此山土栽分为五大股，地主占叁股，栽手占贰股。此栽手贰股又分为贰股，凤凰、凤翎二人收壹股，源淋名下收壹股。当面凭中议定价钱壹仟〇贰十文，亲手收足应用。其山自卖之后，恁凭买主修理管业，卖主不得异言。倘有不清，俱在卖主理洛（落），不关买主之事。恐口无凭，立此断字为据。

凭中　胞弟龙喜太

代笔　姜文举

断字贰纸各执壹纸（半书）

凤凰存壹纸

民国庚申九年二月十一日　立

立断賣杉木栽手字人本房龍氏代弟
為親夫去世負欠無出自愿將到先年佃
到姜鳳凰翎保連源淋等三共山壹塊地名
皆從衮右边冲界址上凭鬮岐鳳文
源淋等三山與土呈為界下凭冲左凭巖也
與鳳岐獻義等之山右凭屋地角以下冲為
界四抵分清此山土栽分為五大股地主占
叁股栽手占贰股此栽手贰股又分為贰
股鳳凰鳳翎二人权壹股源淋名下权壹
股出賣面凭中議定價錢壹仟〇贰十文親
手收足應用其山自賣之後憑從買主
修理管業賣主不得異言倘有不清俱
在賣主理落不関買主之事恐口無憑
立此断字為據

鳳凰存壹張

此字二張各執壹張

凭中胞弟龍喜太

代筆姜文舉

民国庚申九年二月十一日　立

姜春茂皆冉蜡禁山杉、枫木断卖契

立断卖山禁山杉木、枫木字人家族□姜春茂。为因无钱用，自愿上门卖到地名皆冉蜡[1]之山肠（场）乙块，出卖。界止（址）：上凭作琦之田，下凭作干之田，左凭永职之园，右凭买主之田路为界，四抵分清。今日凭中议定价钱伍佰捌拾文，出卖与姜源淋承买为业，卖主不得异言。倘有不清，俱在卖主理落，不关买主之事。恐口无凭，立此断卖字为据。

外批：钱亲手收足。

凭中　姜开林

民国九年五月十六日亲笔　立

①皆冉蜡，即冉蜡下边，在加池寨西南边。冉蜡，苗语译音，意为开成熟地的山岭。

立断賣山禁山杉木枫木字人家族
姜春茂爲因無錢用自愿上门
賣到地名皆冉蜡之山腸乚塊出
賣界止上湲作瑀之田下湲作幹之
田左湲永成之园右湲買主之田路爲
界四抵分清今日湲中議定價錢伍
佰捌拾文山山賣與姜源淋承買爲
业某賣主不得異言倘有不清俱
在賣主理落不関買主之事恐口無
凭立此断賣字爲據

外批錢親手收足

湲中　姜開林

民国九年五月十六日親筆　立

姜春茂皆冉蜡杉木等断卖契

立断卖山场杉木风水木①并土字人本房姜春茂。为因缺少钱用,无处所出,自愿将到地名皆冉蜡之山乙块,界趾(址):上凭作琦之田,下凭作干之田,左凭永职之园,右凭路与买主之田角为界,四抵分清。此山分为捌股,本名占乙股,今将出卖与姜源淋名下承买为业。当面凭中议定价钱伍伯(佰)捌拾文,亲手收足应用。其山自卖之后,恁凭买主修理管业,卖主不得异言。倘有不清,俱在卖主理洛(落),不关买主之事。恐口无凭,立此断卖字为据。

中笔　文举

民国庚申年五月廿一日立

①风水木,系锦屏等地人们有意在村寨边蓄禁的林木,以枫树、樟树等树为多。人们对风水木十分爱护,无人敢损坏。

立断卖山場杉木風水木並土字人本房姜春茂

為因缺少銀用無從出自愿將到地名皆冉蜡

之山一塊界址上憑作墻之田下憑作葬之田左憑承

熾之山右憑路與買主之田角為界四抵分清此山分

為捌股本名占一股今將出賣與

姜源霖名下承買為業當面憑中議定價銀伍

伯捌拾文親手收足應用其山自賣之後憑契買

主修理管業賣主不得異言倘有不清俱在賣

主理落不關買主之事恐口無憑立此斷賣字

為據

中筆 文举

民國庚申年五月廿一日 立

姜家贞党央山场杉木并栽手断卖契

立断卖山场杉木并栽手字人本寨姜家贞。为因缺少钱用，无处得出，自愿将到地名党央山场乙块，界止（址）：上凭马姓之田，下凭溪，左凭买主之山，右凭梦熊之山，四抵分清。此山土栽分为二大股，本名占乙大股，出卖与本寨姜元林名下承买为业。当日凭中议定价钱八百八十文，亲手收足应用。其山自卖之后，恁凭买主上山修理管业，卖主不得异言。倘有不清，俱在卖主理落，不关买主之事。恐口无凭，立此断卖字为据。

内添五字。

凭中 姜成顺
凭笔 姜永兴

民国十年六月初八日　立

立斷賣山場杉木並栽手字人本寨姜家貞為因缺少錢用無從得出自愿將到地名堯央山場乙塊界止上憑馬姓之田下憑溪左憑買主之山右憑夢熊之山四抵分清此山土栽分為二大股本名占乙大股出賣與本寨姜元林名下承買為業当日憑中議定價錢八百八十文親手收足應用其山自賣之後恁憑買主上山修理管業賣主不得異言倘有不清俱在賣主理落不関買主之事恐口無憑立此斷賣字為據

內添五字

憑中 姜成順

筆 姜永興

民国十年六月初八日立

姜文举南污粟山场杉木断卖契

立断卖山场杉木并栽手字人本寨姜文举。为因缺少银用,无处所出,自愿将到本名山场乙块,地名南污粟。其山界趾(址):上凭买主与显韬之共山,下凭岩洞以路为界,左上凭冲以下大溪为界,右凭岭以木洪为界,四抵分清。此山土栽分为四大股,本名与源淋、永职等共占壹大股,此壹大股又分为四小股,源淋占贰小股,凤凰先年私买得金锫之壹小股,余存乙小股又分为贰小股,永职兄弟占壹小股,本名占壹小股,今将出卖与姜凤凰、侄秉魁二人名下承买为业。当日凭中议定价银壹两伍钱捌分,亲手收足应用。自卖之后,恁凭买主上山修理管业,卖主不得异言。倘有不清,俱在卖主理落,不关买主之事。恐后无凭,立此断卖字为据。

外批:买文举此山之壹股分为叁小股,凤凰兑买贰小股,秉魁兑买壹小股。文举所占之股,不俱多少,一概出卖是实。

凭中　姜金锫
代笔　姜梦熊

民国辛酉十年十月初十日　立

立斷（賣）山塲杉木並栽手字人本寨姜文舉為因缺少銀用無
處所出自願將到本名山塲乙块地名南汚粟其山界趾上憑
買主与顯豁共之兵山下憑岩洞以路為界左上憑冲以下大溪
為界右憑山嶺以木洪為界四抵分清此山土栽分為四大股本名
与源淋永職共共占壹大股此壹大股又分為四小股源淋占弍小股鳳
凰先年私買得金鎔之壹小股餘存乙小股又分為弍小股永職兄弟
占壹小股本名占壹小股今將出賣与
姜鳳凰侄秉魁二人名下承買為業當日憑中議定價
銀壹两伍錢捌分親手收足应用自賣之後恁憑買主
上山修理管業賣主不得異言倘有不清俱在賣主理
落不涉買主之事恐後無憑立此斷賣字為據
外批買文舉此山之壹股分為叁小股鳳凰兄買弍小股秉魁兄買壹
小股文舉所占之股不俱多少一概出賣是實

憑中　姜金鎔
代筆　姜夢熊

民國辛酉十年十月初十日　立

姜春茂党吼山场并旱土断卖契

立断卖山场并土约人本寨姜春茂。为因缺少粮食，无处所出，自愿将祖遗之山场壹块，地名党吼，其山界止（址）：上凭显韬叔侄等之山，下凭买主坟山，左凭卖主与买主共山，右凭凤鳌之坟山破下岭以直至路为界，四抵分明。此山土股分为拾贰股，本名占壹股，今将出卖与本寨姜源淋名下承买为业。当面议定价谷五斤正，亲手收足应用。其山自卖之后，恁凭买主上山修理管业，卖主不得异言。恐后无凭，立此断卖字为据。

外批：此山倘有不清，俱在卖主理落，不关买主之事。

中笔　金培

民国壬戌十一年二月初九日　立

立断卖山场並土约人本寨姜春茂為因缺少粮食無
处所出自愿将祖遗之山场壹塊地名党吼其山界止上凴
星辅叔侄共之山下凴買主坟山左凴卖主每買主共山右
凴风鳌之坟山破下岩以直至路為界四抵分明此山土股
分為拾贰股本名占壹股今将出賣與本寨
姜原林名下承買為業当面議定價谷五斤正親
手收足应用其山自賣之後任凴買主上山管理管業
賣主不得異言恐後無凴立此断賣字為據

外批此山倘有不清俱在賣主理落不関買主之事

中筆金培

民國壬戌十一年二月初九日 立

井搜山场股份清单

立分清单合同字人寨内纲首[1]姜凤沼、梦熊、定国众寨等与姜源霖弟兄、姜桥生等共有山场壹块，地名井搜，其山四界：上凭显韬山，下凭陆正礼山，左凭岭与龙恩大山，右凭冲。其山为四股分派，众寨占壹股，桥生占壹股半，源霖弟兄占壹股半，合成四股山。日后开山栽植成林，贰届[2]照合同分派，不得论老契股分以生轇葛[3]混争，故特立合同贰纸，各执，永远存照为据。

代书　姜恩宽

凭中　姜永堂

清单合同贰纸（半书）

民国壬戌年四月廿五日　立

①纲首，清代特指合伙在清水江边从事木材买卖生意时，民众推举出来的代表或头领。纲，常写作“江”。

②贰届，也写作“二届”，锦屏地区方言，指下届或以后多届。届，指木材从栽植到砍伐的一个周期，大约25年。

③轇葛，应为轇轕，指杂乱、纠葛。

立分清單合同字人寨内綱首姜鳳沼夢熊定國衆寨等與姜源霖弟兄姜橋生等共有山場壹塊地名井樓其山四界上憑顛鶴山下憑陸正禮山左憑山嶺川龍恩大山右憑冲其山為四股分派衆寨占壹股橋生占壹股半源霖弟兄占壹股半合成四股山日後開山栽植成林貳僅照合同分派不得論老契股份以生轇轕混争故特立合同貳綿各執永遠存照為據

代書姜恩寬

憑中姜永堂

存照　合同貳紙

民國壬戌年四月廿五日立

姜金锫党吼山场杉木断卖契

立断卖山场杉木字人本房姜金锫。为因缺少钱用,无处所出,自愿将到地名党吼山场杉木壹块,其山界止(址):上凭玉恩叔侄之田,下凭梦兰之田,左凭岭与买主所共之山,右凭岭与源淋荒田、禁山为界,四抵分明。此山土栽分为伍股,地主占三股,栽手占贰股。此地主三股又分为八小股,本名占地主壹股出卖;又将上边壹块,其山界止(址):上凭陆茂富之山,下凭源淋之田,左凭路,右凭陆茂富之山为界,四抵分明。此山土股分为八小股,本名占壹小股。今将出卖与本房姜永道兄弟名下承买为业。当面议定价钱壹仟壹佰八十文,亲手领足应用。其山自卖之后,恁凭买主上山修理管业,卖主不得异言。恐有无凭,立此断卖字为据。

凭中　姜文举

民国壬戌年八月贰十七日亲笔　立

立断卖山场杉木字人本房姜金鎔为因缺少钱用
无处所出自愿将到地名党吼山场杉木壹块其山界止
上凭玉恩振侄之田下凭梦兰之田左凭岭以冲为界
之山右凭岭为界原林荒田禁山为界四抵分清此山土栽分
为伍股地主占三股栽手占二股此地主三股又分为八
小股本名占地主壹股出卖又将上边壹块其山界止上
凭陆茂富之山下凭原林之田左凭路右凭茂富
之山为界四抵分明此山土股分为八小股本名占壹小股
今将出卖与本房
姜永道兄弟名下承买为业当面议定价钱壹
仟壹佰八十文亲手领足应用其山自卖之后任凭买
主上山管理业卖主不得异言恐后无凭立此
断卖字为据

凭中 姜文礼

民国壬戌年八月贰十七日亲笔立

姜永兴培故油山并旱土断卖契

立断卖油山杉木并土字人本寨姜永兴。为因缺少粮食，无处得出，自愿将到地名培故油山乙块，界止(址)：上凭土垦与献文之油山，下凭记连之田，左凭显光之油山，右凭岭与记连之油山，四抵分明。今将凭中出卖与姜元淋名下承买为业。当日凭中三面议定价谷壹佰贰拾捌斤，亲手收足。其油山自卖之后，恁凭买主上山修理管业，卖主不得异言。倘有不清，俱在卖主上前理落，不关买主之事。恐后无凭，立此断卖字为据。

内添二字。

凭中　姜纯秀

民国壬戌年十二月廿八日亲笔　立

立断賣油山杉木并土字人本寨姜永具為因缺少粮食無处得出自愿将到地名培故油山山塊界止上凭土垦岔畝文之油山下凭記連之田左凭顯光之油山右凭嶺岔記連之油山四抵分明今将凭中出賣與姜元淋名下承賣為業当日凭中三面議定價洛壹佰弍拾捌元親手收足其油山自賣之後恁凭買主上山修理管業賣主不得異言倘有不清俱在賣主前理落不関買主之事恐後無凭立此断賣字為據

内添二字

凭中姜純秀

民国壬戌年十二月廿八日親筆立

姜显光培故杉山油山并土地断卖契

立断卖油山杉木并土字人本寨姜显光。为因缺少粮食，无处得出，自愿将到地名培故油山乙块，界址：上凭土埂，下凭大路，左凭梦熊之杉山，右凭买主之油山为界，四抵分清。今将出卖与姜源淋名下承买为业。当面凭中议定价谷玖拾肆斤，亲手领足。自卖之后，恁凭买主上山修理管业，卖主不得异言。倘有不清，俱在卖主上前理落，不关买主之事。恐后无凭，立此断卖字为据。

内添乙字。

凭中　姜永兴

民国癸亥十二年二月十九日亲笔　立

立斷賣油山杉木並土字人本寨姜顯光為因缺少粮食無
處得出自願將到地名培故油山乙塊界址上憑土埂下憑
大路左憑夢熊之杉山右憑買主之油山為界四抵分清
今將出賣与
姜源淋名下承買為業當面憑中議定價谷捌拾肆
斤親手領足自賣之後恁憑買主上山修理管業賣
主不得異言倘有不清俱在賣主上前理落不関買主之事
恐後無憑立此斷賣字為據

內添乙字

憑中姜永興

民國癸亥十二年二月十九日 親筆 立

姜寿连弟兄冉乜虽山场杉木栽手断卖契

立断卖山场栽手杉木字人本房姜寿连、继连、保连弟兄三人。为因缺少钱用,无处所出,自愿将到祖遗之山场栽手壹块,地名冉乜虽。其界限:上凭土垦与买主之山,左凭岭与梦熊之共山,右凭冲,下凭大路。此山土栽分为四大股,本名弟兄占叁股。今将出卖与姜源淋名下承买为业。当面凭中议定价钱捌百零八文,亲手收足应用。自卖之后,恁凭买主上山修理管业,卖主弟兄不得异言。倘有不清,俱在卖主向前理落,不关买主之事。恐口无凭,立此断卖山场栽手字永远存照为据。

内添一字。

代笔　姜元贞

民国十贰年二月廿八日　立

立断賣山場栽手杉木字人本房姜寿連継連保連弟兄三人為因缺少錢
用無處所出自願將到祖遺之山場栽手壹塊地名冉也雖其界限上凴
土屋與買主之山左凴岺與姜夢熊之山右凴冲下凴大路此山土栽分為四大股
本名弟兄占叁股今將出賣與
姜源淋名下承買為業当面凴中議定價錢捌百零八文親手收足应
用自賣之後任凴買主上山修理管業賣主弟兄不得異言倘有不清
俱在賣主向前理落不関買主之事恐口無凴立此断賣山場栽手字
遠永存照為據

内添一字

代筆 姜元貞

民國十弍年二月廿八日 立

姜家宝兄弟污漫溪边山场杉木并土断卖契

立断卖山场杉木并土字人本寨姜家宝、家珍兄弟二人。为因缺少钱用，无处所出，自愿将到地名下污漫溪边山场杉木壹块，界限：上凭买主之山，下凭溪，左凭岭与买主，右凭买主，四抵分清。此山土栽全占。出卖与本寨姜源淋名下承买为业。当面凭中议定价钱壹千零八文，亲手收足应用。其山自卖之后，恁凭买主上山修理管业，卖主不得异言。倘有不清，俱在卖主上前理落，不关买主之事。恐后无凭，立此断卖字永远存照为据是实。内添四字。

凭中　叔姜永兴、堂

民国癸亥年三月初八日家宝笔　立

立斷賣山塲杉木並土字人本寨姜家寶、家珍兄弟二人，為
因缺少錢用，無處出自愿將到地名下污漫溪边山塲杉木
壹塊，界限上凴買主之山，下凴溪，左凴嶺，右凴買主，四抵分清。
此山土栽全占出賣與本寨
姜源淋名下承買為業。當面凴中議定價錢柒拾□零
文，親手收足應用。其山自賣之後，恁凴買主上山管理
業，賣主不得異言。倘有不清，俱在賣主上前理落，不
閑買主之事。恐後無凴，立此斷賣字永遠存照為據
是實

內添四字

凴中叔 永興 堂

民國癸亥年三月初八日 家寶筆 立

買契

買主姓名	不動產種類	坐落	面積	賣價	應納稅額	立契年月日
姜源淋	杉木	下污	壹塊	銀柒拾[illegible]	洋四[illegible]	民國癸亥年三月初八日

紙價五角

賣主 姜家寶

中人 姜永裕

中華民國十四年七月 日

姜秉文父子党吼山场杉木栽手断卖契

立断卖山场杉木栽手字人本寨姜秉文父子。为因缺少钱用,无处所出,自愿将到地名党吼山场乙块,界止(址):上凭双喜之田,下凭买主之田,左凭买主之共山,右凭买主之共山,四至分清。今将出卖与姜源淋名下承买为业。当日凭中议定价钱四百八十文,亲手收足应用。自卖之后,恁凭买主修理管业,卖主不得异言。倘有不清,俱在卖主理落,不关买主之事。恐口无凭,立此断卖字为据。

凭中　姜梦松

民国十二年六月初八日亲笔　立

立斷賣山場杉木栽手字人本寨
姜秉文父子為因缺少錢用無從所
出自愿將到地名党吼山場一塊界止
上憑双喜之田下憑買主之田左憑買
主之共山右憑買主之共山四至分清
今將出賣與
姜源淋承買為業當日憑中議定價
錢四百八十八文親手收足應用出賣
之後憑買主修理管業賣主不
得異言倘有不清俱在賣主理落
不関買主之事恐口無憑立此
斷字為據

憑中姜夢松

民國十二年六月初八日親筆立

姜永道党吼山场杉木断卖契

立断卖山场杉木字人本房姜永道。为因缺少钱用，无处所出，自愿将到地名党吼山场杉木壹块，其山界限：上凭玉恩叔侄之田，下凭梦兰之田，左凭岭与卖主共山，右凭岭与买主荒田、禁山[①]为界，四抵分清。此山分为捌股，本名占地栽壹股出卖；又将上边田坎上壹块，界止（址）：上凭陆茂富之共山，下凭买主之田，左凭大路与玉恩之田角，右（凭）陆茂富之共山为界，（四）抵分明。此山土栽分为捌小股，本名占壹（小股），今将出卖与本房 姜源淋名下承买为业。当日凭中议定价洋壹元整，亲手收足应用。自卖之后，任凭买主修理管业，卖主不得异言。恐有不清，卖主理落。恐口无凭，立此断卖字为据。

凭中笔　向义铭

民国癸亥年六月十二日亲手押○　立

①禁山，指栽植已封行郁地但尚未成材的中幼林，山主在林地周边打上草标，禁止外人进山樵采，故称禁山。

立断卖山场杉木字人本房姜永道
为因缺少钱用无处所出自愿将到土
名党吼山场杉木壹块其山界限上凭玉
恩之杉佳之田下凭姜茂兰之田左凭岭由当至
共山右凭岭与买主范田禁山为界此山分
清此山分为捌股本名占地裁手股出卖文
将上述田坎五壹块界止上凭陆成富之出山下
凭买主之田左凭大路与玉恩之田右凭陆
茂之共山为界抵分明此山土栽分为捌小股
本名占壹今将出卖与本房
姜源淋名下承买为业当日凭中议定
价洋壹元正亲手收足应用自卖之后任凭买主
修理管业卖主不得异言恐后不清卖主理落
恐口无凭立此断卖字为据
凭中笔 向义锦
民国癸亥年六月十二日亲手押 立

姜献文报九柳油山并杉木断卖契

立断卖油山并杉木字人姜献文。为因缺银用,无处所出,自愿将到地名后龙山,另名报九柳,界止(址):上藩(翻)过顶凭老土埂与梦鳌油山为界,下凭继林油山并土埂为界,左凭买主之油山,右凭之渭之杉山为界,四抵分清。今将出卖与本房姜源淋名下承买为业。当日凭中议定银壹两九钱八分整,亲手收足应用。自卖之后,任凭买主上山修理管业。倘若不清,俱在卖主理落,不干买主之事。恐后无凭,立此断卖土字为据,永远承照。

外批:内涂四字。

中笔　姜继章

民国甲子十三年二月十九日　立

立断賣油山並杉木字人姜献文為因缺銀用無處所出自願將到地名後龍山另名報九鄉界止上藩過項憑老土埂與夢熊油山為界下憑與繼林油山並土埂為界左憑買主之油山右憑之渭之杉山為界四抵分清今將出賣與

本房

姜源淋名下承買為業当日憑中議定銀壹兩九錢八分整親手收足應用自賣之後任憑買主上山修理管業倘若不清俱在賣主理落不干買主之事恐後無憑立此断賣字為據永遠存照

外批內添四字

中筆　姜繼章

民國甲子十三年二月十九日　立

姜永职弟兄污在丹山场杉木断卖契

立断卖山场杉木并土字人本家姜永职、永清弟兄等。为因缺少粮食，无处所出，自愿将到共山地名污在丹，另名四方山，界址：上凭三公山，下凭溪，左上截凭献义，左下截凭三公山，右凭冲，四抵分清。二人所占之股，今将出卖与姜源淋名下承买为业。其山议定价谷壹佰零捌斤，亲手领足。自卖之后，任从买主修理管业。恐口无凭，立此卖字存照。

凭中　姜春茂

代笔　朱崇相

民国十三年四月十三日　立

立断賣山塲杉木並土字人本家姜永職、永清弟
兄等為因缺少粮食無處所出自願將到其山
地名污在丹另名四方山界址上憑三公山下憑
溪左上截憑獻義山左下截憑三公山右憑冲𠕇抵
永清二人所占之股今將出賣与
姜源淋名下承買為業其山議定價谷壹
佰零捌斤親手領足自賣之後任從買主
修理管業恐口無憑立此賣字存照

憑中 姜春茂
代筆 宋崇相

民國十二年四月十三日 立

姜永清培格油山杉山并土断卖契

立断卖油山杉木并土字人本家姜永清。为因缺少钱用,无处所出,自愿将到地名培格之油山壹块,其油山界限:上凭元秀弟兄之山,下凭定文之共山,左凭岭,右凭买主之共山,四抵分清。今将出卖与姜源淋名下承买为业。当面议定价钱四百八十文,亲手收足应用。其山自卖之后,恁凭买主修理管业,卖主不(得)异言。恐后无凭,立此断字为据。

外批:老契存在卖主手。

中笔　文举

民国十四年乙丑岁七月廿日　立

培格油山一块[①]

①此为后人所批。

立断賣油山杉木並土字人本家姜
永清為因缺少錢用無處出自
愿將到他名培格之油山壹塊其油
山界限上憑元秀弟兄之山下憑定
文之共山左憑嶺右憑買主之共山四抵
分清三股出賣与
姜源霖名下承買為業當面議定價
錢四百八十文款手收足應用其山自賣
之後任憑買主修理管業賣主不得
言說後無憑立此断字為據

外批老契存在賣主手

中筆　文舉

民國十四年乙丑歲七月廿日　立

培格油
山一塊

姜永炽兄弟翻贵顺山场杉木断卖契

立断卖山场杉木本家姜永炽、永清。因为缺少钱用，无处所出，自愿将到地名翻贵顺乙块，界止(址)：上凭买主之共山，下凭溪，左凭红，右凭冲，四低(抵)分清。此山分为八股，弟兄占乙股，出卖与姜源淋名下承买为业。议定价钱贰十文，亲手收足，弟兄不得异言。恐口无凭，立此断字为据。

内涂乙字。

民国十四年八月初二亲笔　立

立断賣山塲杉木本家姜家議上永清
因為鈌少錢用無處所出自愿將到
地名翻貴順一塊田界止上凴買主之共
山下凴溪左凴紅右凴[illegible]冲四抵以清此
山分為八股弟兄占七股 出賣與姜源淋
名下承買為業議定價錢弍十八十文
親手收足弟兄不得異言恐口無凴
立此断字為據

塗一字

民國十四年八月初二 親筆 立

姜成相培鸠山场杉木断卖契

立断卖山场杉木并土字人本族姜成相。为因缺少钱用，无处所出，自愿将到山场壹块，地名培鸠，另名皆豆发连[1]，界止（址）：上凭买主之田，下凭水沟与路为界，左凭白波与路为界，右凭买主之山为界，四抵分清。今将凭中出卖与本族姜源淋名下承买为业，当日凭中议定价钱四百零捌文，亲手收足应用，不欠分毫。其山自卖之后，恁凭买主上山修理管业。日后倘有不清，俱在卖主上前理落，不关买主之事。恐后无凭，立此断卖字为据是实。内涂壹字。

凭中代笔　姜梦松

民国乙丑年十一月初陆日　押立

①皆豆发连，苗语译音，意为发连树下边。豆，苗语意为树；发连，一种加池人叫不出名称的树。

立斷賣山場杉木並土字人本族姜成
相，為因缺少銀用，無處所出，自愿
將到山場壹塊，地名培塘，另名比昌豆，
登連界：上憑買主之田，下憑水溝
上角路為界，左憑白波上角路為界，
右憑買主之山為界，四抵分清。
今將憑中出賣與本族
姜源淋名下承買為業。當日憑
中議定價銀四百零捌文，親手
收足應用，不欠分毫。其山自
賣之後，憑買主上山修理
管業，日後倘有不清，俱在賣
主上前理落，不關買主之事。
恐後無憑，立此斷賣字為
據是實。內塗壹字

憑中、代筆 姜夢松

民國乙丑年十月四日押 立

孙光前故我油山杉木等断卖契

(立)断卖油山杉木并土孙光前。为因缺少用,无处所出,自愿将到油山杉木并土地名故我,另名皆理得[1]油山壹块,界止(址):上凭梦熊、作干等私清明会之田[2],下凭凤德之山,左凭买主之山,右凭春魁之油山,四抵分清。今将凭中出卖与本寨姜源淋名下承买为业。当面凭中议定价钱壹仟贰佰捌拾文,亲手收足应用,不欠(分)毫。其油山自卖后,恁凭买主上山修理管业,日后倘有不清,俱在卖主上前理落,不关买主之事。恐后无凭,立此并无异言,断卖字为据是实。

内添肆字,涂壹字。

凭中代笔　姜梦松

民国乙丑年十一月初八日　立

①皆理得,苗语意为口袋田下边。得,苗语意为布袋。

②清明会之田,旧时加池寨姜氏各房族内都组织有清明会,置有会田,平时租给房族成员耕种,所得收入用于每年清明祭祖等开支。

斷賣油山杉木並土孫先前爲因
缺少用無處出自愿將到油
山杉木並土地名故我另名比白理
得油山壹塊,界止上凭夢熊作
幹等私清明会之田,下凭鳳德之油山
山右凭買主之山,右凭春魁之油山
四抵分清,今將凭中出賣與本寨
姜源淋名下承買爲業,當面凭中
議定價禾壹仟貳佰捌拾文,親
手收足應用,不欠毫甘。其油山自
賣後,任凭買主修理管業,[illegible]日
倘有不清,俱在賣主上前理落,不
關買主之事。恐後無凭,立此並無
異言斷賣字爲據是實

內添[illegible]字塗壹字

凭中代筆姜夢松

民國乙丑年十月初八日　立

姜双富培太等山场杉木断卖契

立断卖山场杉木并土字人本家姜双富。为因缺少钱用,无处所出,自愿将到地名冉培太之山壹块,界止(址):上凭顶以(与)买主之田,下凭水沟,左凭龙秉寿之山,右凭凤沼之山。又将壹块地名从富乌,此山界止(址):上凭土垦与本家之共山,下凭大路,左凭迫坡以显光等之共山①,右凭岭与本家之共山为界,四抵分清。此山土栽分为捌股,本名占壹股。今将出卖与姜源淋名下承买为业,当面议定价钱四千文。其山自卖之后,恁凭买主修理管业,卖主不得异言。倘有不清,俱在卖主上前理落,不关买主之事。恐后无凭,立此断卖字为据。

民国十四年乙丑岁十乙月廿四日亲笔　立

①"左凭迫坡以显光等之共山",此句意为"左凭迫坡以显光等之共山为界"。

立断卖山偈杉木并土字人李家姜双富為因缺少钱用無出
出自愿将到地名冉信太之山壹块，界止上凭顶，以买主之田，下凭水沟，左
凭龙秉寿之山，右凭凤滔之山；又将壹块地名檩宵乌嶆山，界止上凭土
垦，与本家之共山，下凭大路，左凭追坡以类光贵之共山，右凭岭与本
家之共山為界，四抵分清，此山土载分為捌股，本名占壹股，今将出卖与
姜源林名下承买為业，当面议定价钱四千文，其山付卖主之后，凭买主
修理管业，卖主不得异言。倘有不清，俱在卖主上前理落，不关买主
之事。恐后无凭，立此断卖字為据。

民國十四年乙丑歲十一月廿四日亲笔书

姜双宁弟兄皆理乌等土地杉木断卖契

立断卖山场杉木并土字人本家姜双松宁、双富弟兄。为因缺少钱用，无处所出，自愿将到地名皆理乌之山壹块，其山界止（址）：上凭田，下凭岩洞与买主之共山，左凭买主之山，右凭岭与买主之山，四抵分明。此山土栽分为四股，本名弟兄占壹股；又将到地名挽里西之山壹块，界止（址）：上凭土垦与买主之山，下凭土垦与保连之山，左凭岭与作文之山，右凭显光等之山，四抵分明。此山土栽分为伍股，栽手占贰股，地主占叁股。地主之叁股又分为四股，本名弟兄占壹股。今将贰处之股出卖与姜源淋名下承买为业。当面议定价钱壹拾三仟六百八十文，亲手收足应用。其山自卖之后，恁凭买主修理管业，卖主弟兄不得异言。倘有不清，俱在卖主理落，不关买主之事。恐后无凭，立此断字为据。

内添六字

凭中　姜金培

民国拾肆年拾贰月十五日双富笔　立

立断卖山场杉木并土字人本家姜叔帝、双富弟兄，为因缺少钱用，无处设出，自愿将到地名皆理乌之山壹幅，其山界止上凭田，下凭岩洞与买主之共山，左凭买主之山，右凭岭，四抵分明（与买主之山），此山土栽分为四股，本名弟兄占壹股。又将到地名枧果溪之山壹幅，界止上凭土垦与买主之山，下凭土垦与保连之山，左凭岭与作文之山，右凭显光弟之山，四抵分明，此山土栽分为伍股，栽手占贰股，地主占叁股，地主之叁股又分为四股，本名弟兄占壹股，今将贰处之股出卖与姜源淋名下承买为业，当面议定价钱壹拾叁仟六百八十文，亲手收足应用。其山自卖之后，凭买主修理管业，卖主弟兄不得异言，倘有不清，俱在卖主理落，不关买主之事，恐后无凭，立此断字为据。

内添六字

凭中　姜金培

民国拾駟年拾贰月十五日　双富　笔　立

姜金培培格山场杉木断卖契

立断卖山场杉木字人本家姜金培。为因缺少粮食,无处所出,自愿将到地名培格山场壹块,其山上凭土垦与永道之山,下凭买主山,左凭岭与作文之山,右凭冲为界,四抵分明。今将出卖土栽与本家姜源淋名下承买为业。当面议定价谷拾斤正,亲手收足应用。其山自卖之后,恁凭买主上山修理管业,卖主不得异言。恐后无凭,立此断卖字为据。

外批:此山如有不清,俱在卖主理落,不关买主之事。

凭中　姜永炽

民国乙丑年拾贰月十五日亲笔　立

立斷賣山場杉木字人本家姜金培為因缺少粮食無處所出自
愿將到地名培格山場土名其山上憑土增嶺憑道之山下憑買主
之山左憑嶺為作又之山右憑冲為界四抵分明今將出賣
土栽為本家
姜源林名下承買為業當面議定價谷拾斤正親手收足
應用其山自賣之後任憑買主上山修理管業賣主不得
異言恐後無憑立此斷賣字為據

外批此山内有不清俱在賣主理落不關買主之事

憑中 姜永熾

民國乙丑年拾弍月十五日 親筆立

姜金培培格山场杉木栽手断卖契

立断卖山场栽手杉木并土字人本家姜金培。为因缺少粮食,无处所出,自愿将到地名培格之山场壹块,其山界止(址):上凭田与恩宽等之山,下凭买主之山,左凭风岐地坪角已(以)下追坡至买主之山为界,右凭岭与凭买主之山为界,四抵分明。今将凭中出场与本家姜源淋名下承买为业。当面凭中议定价谷十壹斤整,亲手收足应用。其山自卖之后,恁凭买(主)上山修理管业,卖主不得异言。恐后无凭,立此断卖字为据。

外批:倘有不清,俱在卖主理落,不关买主之事。

凭中　姜文举

民国丙寅年正月十四日亲笔　立

立断卖山场栽手杉木并土字人本家姜金培为因缺少粮食
无处所出自愿将列地名培格之山场一块其山界止上凭田每
恳觅第二山下凭买主之山左凭凤岐地坪角已下迫坡至买
主之山为界右凭岭每凭买主之山为界四抵分明今将凭中
出卖与本家
姜源淋名下承买为业当面凭中议定价谷十壹斤
恩亲手收足应用其山自卖之后任凭买上山修理管业卖
主不得异言恐后无凭立此断卖字为据
外批倘有不清俱在卖主理落不关买主之事
内添三字

凭中姜文彦

民国丙寅年正月十四日亲笔立

姜双宁弟兄乌漫溪等山场杉木断卖契

立断卖山场杉木字人本家姜双宁、松宁、双富弟兄。为因缺少钱用,无处所出,自愿将到地名乌漫溪之山场与栽手,界止(址):上凭梦麟之田角与本家之山,下凭溪,左凭岭以梦熊之山,右凭迫坡以买家之山为界,四抵分清。此山土栽分为捌股,本名弟兄占壹股。双宁、双宁[①]二人又将到地名冉培太之山场土栽在内,界止(址):上凭顶,下凭水沟,左凭龙秉寿之山,右凭三公山为界,四抵分清。此山分为捌股,二人占壹股。今将二处之山土栽出卖与姜源淋名下承买为业。当面议定价钱壹千六百文,亲手收足应用。其山自卖之后,恁凭买主修理管业,卖主不得异言。倘有不清,俱在卖主理落,不关买主之事。恐后无凭,立此断字为据。

内添乙字、改乙字。

民国十五年丙寅岁正月十八日姜双富笔　立

①后一个“双宁”是笔误,应为双富。

立断卖山场杉木字人本家姜双宁松宁双富弟兄为因缺少银用无处
路出自愿将到地名乌漫溪之山场分为栽手界上凭姜麟之田角与本家之山
下凭溪左凭岭以姜纯之山右凭迫彼此本家之山为界四抵分清此山土栽分
为捌股本名弟兄占手股双宁双富二人又将新地名冉培太之山场土栽在内界
上凭坎下凭水沟左凭姜秉寿之山右凭之公山为界四抵分清此山分为捌股
二人占手股三股二又五分之土栽出卖与
姜源林名下承买为业当面议定价钱壹千六百文亲手收足一无欠少其山自
卖之后凭从买主修理管业卖主不得异言倘有不清俱在卖主理落
不关买主之事恐后无凭立此断字为据

内添字
改字

民國十五年丙寅岁正月十八日　姜双富笔　立

姜永炽弟兄从富乌山场杉木栽手断卖契

立断卖山场杉木栽手本家姜永炽清弟兄。因为缺少钱用,无处所出,自愿将到地名从富乌山场上下贰块,界止(址):上凭买主之共山,下凭大路,左凭迫坡显光之山,右凭买主之共山,四抵分清。此山分为八股,弟兄占乙股,出卖与姜源淋名下承买为业。议定价钱贰千八佰文,亲手收足,弟兄不得异言。恐口无凭,立此断字为据。

外批:买主上山修理管业。

民国十五年二月初二亲笔　立

立斷賣山場杉木栽手本家姜永熾清弟兄因為缺少錢用無處所出自愿將到地名從當鳥山場上下弍塊界止上憑買主之共山下憑大路左憑追坡顯光之山右憑買主之共山四俵分清此山分為八股弟兄占乙股出賣與姜源淋名下承買為業議定價錢弍千八佰文親手収足弟兄不得異言恐口無憑立此斷字為據

外批買上山修理管業

民國十伍年二月初二親筆立

姜定国培显则山场杉木并栽手断卖契

立断卖山场杉木并栽手字人本寨姜定国。为因缺少钱用，无处所出，自愿将到山场乙块，地名培显则，界趾(址)：上凭马姓之田，下凭溪，左凭买主之山，右凭梦熊之共山，四抵分清。此山分为贰大股，本名占壹大股。今将出卖与本寨姜源淋名下承买为业。当日凭中议定价钱捌伯(佰)零八文，亲手收足应用。自卖之后，恁凭买主上山修理管业，卖主日后不得异言。倘有不清，俱在卖主理落，不关买主之事。恐口无凭，立此断卖字为据，永远存照。

凭中　姜家珍

民国丙寅年三月廿二日亲笔　立

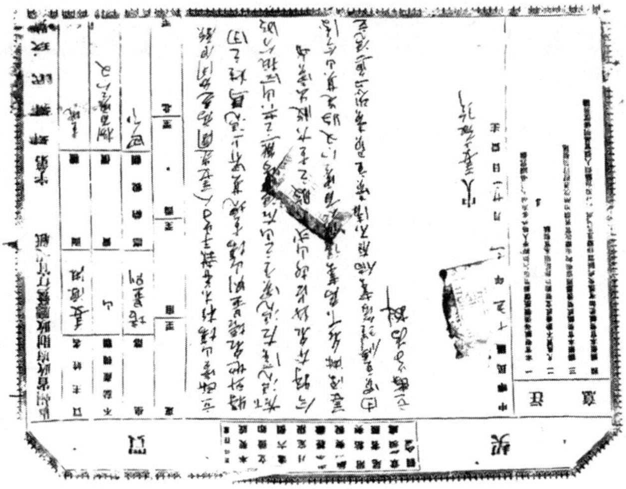

立断卖山场杉木並栽手字人本寨姜定国為因缺少銀用無处所出自愿將到山場乙塊地名[illegible]界趾上凭禹姓之田下凭溪左凭買主之山右凭蔡之共山四股分清此山分為弍大股本名占壹大股今將出賣與本寨姜源淋名下承買為業當日憑中議定價錢捌伯零八文親手收足應用自賣之后恁凭買主上山修理管業賣主日后不得異言倘有不清俱在賣主理落不関買主之事恐口無凭立此断賣字為據永遠存照

凭中 姜家珍

民国丙寅年三月廿二日親筆立

姜母元玉皆从理拜山场菜园断卖契

立断卖山场、菜园字人加池寨姜母元玉。为因家下缺少钱用，无处所出，自愿登门问到地名皆从理拜①山场乙块，四至：上抵姜元贞之田，下抵老沟，左凭路，右凭岭与大路为界，四至分明。此山分为八股，本名占一股，出卖与康中姜家滨②名下承买为业。当面议定价钱三百八十文，亲手收足。自卖之后，任凭买主上山修理管业。此山杉木在内，倘有不清，(俱)居在卖主理落，不关买主之是(事)。恐后无凭，立此断卖字为据，永远存照。

中笔　姜希相

民国十五年四月初二日亲押　立

①皆从理拜，也写成“皆崇野拜”“皆从也拜”“皆穷里败”等，在加池寨西南约800米处。拜，苗语意为猪下巴。

②康中姜家滨：康中，指今剑河县南加镇康宗村，距加池约12公里，与加池一样系锦屏、剑河、黎平三县交界处青山界古四十八寨之一。姜家滨，系加池四合院之亲戚(姜源淋妹夫)，因晚年无子照顾，投靠四合院生活。

立断賣山塲菜蔸字人加池寨姜母兀玉為因家下缺少錢用無處所出自願登门问到地名皆從理拜山塲乙塊四至上抵姜兀貞之田下抵老沟左凭路右凭嶺與大路為界四至分明此山分為八股本名占一股今出賣與康中姜家濱名下承買為業當面議定價錢三百八十文親手收足自賣之後任凭買主上山修理管業此山杉木在内倘有不清居在賣主理落不關買主之是恐後無凭立此断賣字為據永遠存照

中筆 姜希相

民国十五年四月初二日 親押 立

姜显高叔侄皆从理拜山场菜园断卖契

立断卖山场菜园人字加池寨姜显高、兴元叔侄。为因缺少钱用，无处所出，自愿将到地名皆从理拜山场乙块，四至：上低（抵）姜元贞之田，下低（抵）老沟，左凭路，右凭岭与大路为界，四至分明。此山分为八股，本名叔侄占乙股，出卖与康宗姜家滨名下承买为业。当面议定价钱三百八十文，亲手收足。自卖之后，任凭买主上山修理管业。此山倘有不清，居（俱）在卖主理落，不与买主相干。恐后无凭，立此断卖字为据。

凭中　姜盛荣

亲笔

民国十五年五月廿八日　立

立断賣山場桑蔸人字加池寨姜顯
高與元叔侄為因缺少用無外所出
自願將到地名皆從理拜山場乙塊四
至上依姜元貞之田下依老溝左憑路右憑
嶺為大路為界四至分明此山分為八股
本名叔侄占乙股出賣與康宗
姜家濱名下承買為業当面議定價木
三百八十文親手收足自賣之後任憑買
主上山修理管業此山倘有不清居在賣
主理落不與買主相干恐口無憑立此断
賣字為據

憑中姜盛榮
親筆

民国十五年五月廿八日立

姜永兴叔侄皆从理拜山场杉木断卖契

（立）卖山场杉木并栽手字人本寨姜永兴、姜贞相叔侄。为因缺少钱用，无处得出，自愿将到名地①皆从理拜山场乙块，界止（址）：上凭姜元贞之田，下凭水沟，左凭路，右凭岭路以元林之共山为界，四抵分清。今将凭中出卖（与）姜家滨名下承买为业。当日凭中议定价钱二千四百八十文，亲手收足应（用）。其山自卖之后，恁凭买主修理管业，卖主不得异言。倘有不清，俱在卖主理落，不关买主之事。恐口无凭，立此断卖字为据。

外批：此山分为二大股，叔侄占乙大股出卖。内添乙字。

凭中　姜元林

姜永兴　亲笔

民国丙寅年五月廿九日　立

①名地，应为“地名”。

賣山場杉木並栽手字人本寨
姜永興、姜貞相叔侄為因缺少錢
用無处得出，自愿將到名地皆從理
拜山場乙塊，界止上凴元貞之田，下凴
水溝，左凴路，右凴嶺路以元林之共
山為界，四抵分清，今將凴中出賣
姜家濱名下承買為業，当日凴中議
定價錢二千四百八十文，親手收足。
應其山自賣之後，恁凴買主修理管
業，賣主不得異言，倘有不清，俱在
賣主理落，不関買主之事，恐口無
凴，立此斷賣字為據。

外批：此山分為二大股，叔侄占乙大股出賣。

内添乙字

凴中　姜元林

姜永興親筆

民国丙寅年五月二十九日　立

姜显光叔侄皆从里败山场杉木断卖契

立断卖山场杉木字人加池寨姜显光叔侄。为因缺少粮食，无处得出，自愿将到皆从里败山场乙块，界址：上凭姜元珍之田，下凭沟，左凭路，右凭岭以路为界，四字（至）分清。此山分为八股，本名叔侄占乙股，出卖与姜旺阴名下承买为业。当面凭中议定价米贰件[①]，亲手领回。自卖之后，恁凭买主上山修理管业，卖主不得异言。恐后无凭，立此断卖字为据。

凭中　姜元林

民国丙寅年六月初一日亲笔　立

①件，旧时农村楠竹制量米器，一件约为0.35公斤。

立断賣山塲杉木字人加池寨姜顯光叔侄
為因缺少粮食無处得出自愿將到皆從里
敗山塊乙塊界址上憑元珍之田下憑溝左
憑路右憑嶺以路為界四字分清此山分為八
股本名叔侄占乙股出賣與
姜旺隆名下承買為業当面憑中議定價米
式件親手領回自賣之後任憑買主上山修
理管業賣主不得異言恐後無憑立此斷賣
字為據

憑中姜元林

民旺丙寅年六月初一日親筆立

姜元香乌几共山杉木断卖契

立断卖山场杉木并栽手字人本房姜元香。为因缺少钱用，无处所出，自愿将到先年老人[①]买得乌几之共山乙块，界止（址）：上凭苗光姜启琮之共山，下凭溪，左凭溪，右凭溪买主之共山，四抵分清。此山分为叁大股，三大股又分为陆小股，买主占五股，本名兄弟共占乙小股。又乙小股分为四小股，本名占乙小股，出卖与本寨姜源淋名下承买为业。当日凭中议定价钱四百八十文，亲手收足。自卖之后，恁凭买主修理管业，卖主不得异言。倘有不清，俱在卖主理落，不关买主之事。恐口无凭，立此断卖字为据。

凭中　姜家滨

民国丙寅年六月初一日亲笔　立

①老人，指父辈以上的先人。

立斷賣山場杉木並栽手字人本房姜元秀為因缺少錢用無處所出自願將到先年老人買得烏幾之共山乙塊界止上憑苗光姜啓琮之共山下憑溪左憑溪右憑溪買主之共山四抵分清此山分為叁大股三大股之分為陸小股買主占五股本名兄弟共占乙小股又乙小股分為二十股本名占乙小股出賣與本寨姜源淋名下承買為業當日憑中議定價錢四百八十文親手收足自賣之後任憑買主修理管業賣主不得異言倘有不清俱在賣主理落不関買主之事恐口無憑立此斷賣字為據

憑中 姜家濱

民國丙寅年 六月初一日 親筆 立

姜定国刚故省山场杉木及栽手断卖契

立断卖山场杉木并栽手字人本寨姜定国。为因缺少钱用,无处所出,自愿将到山场乙块,地名刚故省①,另名补生皆占②,界止(址):上凭卖主之油山,下凭买主之田,左凭买主之田角破上登油埂为界,右凭冲与天保之山为界,四抵分清。今日凭中出卖与本寨姜源淋名下承买为业,当日议定价钱贰仟捌伯(佰)八十文,亲手收足应用。自卖之后,恁凭买主上山修理管业,卖主日后子孙不得异言。倘有不清,俱在卖主上前理落,不关买主之事。恐后无凭,立此断卖字为据,永远存照是实。

内添壹字,涂壹字。

凭中　姜家滨

民国丙寅年六月初四日亲笔　立

①刚故省,又称"刚构醒",是加池寨后山往中仰方向2.5公里处的一支山岭,是从启蒙镇甘塘界下经中仰至文斗江边一支山岭的侧翼,是加池的重要林业生产区域,土地与中仰村多有交杂。刚,苗语意为山岗;故,苗语意为侗家,此处指中仰;省或醒,苗语意为翅膀。

②补生皆占,苗语译音,意为上补省的下边。

立断賣山場杉木並栽手字人本寨姜
定国為因缺少錢用無处出自愿将
到山場乙塊地名剛故肖另名補生
皆占界止上憑賣主之油山下憑買
主之田左憑買主之田角破上登油埂
為界右憑冲與天保之山為界四抵分
清今日憑中出賣與本寨
姜源淋名下承買為業當日議定
價錢弍仟捌伯八十文親手収足應
用自賣之後凭憑買主上山修理管
業賣主日後子孫不得異言倘有不清
俱在賣主上前理落不関買主之事恐
後無憑立此断賣字為據永远存
照是實

内添圭字塗圭字　憑中姜家演

民国丙寅年六月初四日親筆立

姜定国刚补生又油山杉木断卖契

立断卖油山并土杉木字人本寨姜定国。为因缺少钱用，无处所出，自愿将到祖遗油山乙块，地名刚补生又[①]，界止（址）：上凭顶与路为界，下凭记连之田，左上截凭献忠之油山，左下截凭凤鳌、记连等之杉山为界，右凭冲与记连之油山，四抵分清。今将出卖与本寨姜源淋名下承买为业，当日凭中议定价钱叁仟贰伯（佰）八十文，亲手领足应用。其油山自卖之后，恁凭买主上山修理管业，日后卖主不得异言。恐口无凭，立此断卖字为据，永远存照。

内添七字

凭中　姜希相

民国丙寅年六月初四日亲笔　立

①刚补生又，苗语意为小补生坡。

立断賣油山並杉木土字人本寨姜定
因為困缺少錢用無处所出自愿將
到祖遺油山乙塊地名補生又界止
上凭頂無路為界下凭記連之田右
上截凭献忠之油山左下截凭凤鳌記（右凭坤兴記連之油山）
連守之杉山為界四抵分清今將出
賣與本寨
姜源淋名下承買為業當日凭中
議定價錢叁仟貳伯八十文親手
領足应用其油山自賣之後恁凭
買主上山修理管業日後賣主不得
異言恐口無凭立此断賣字為
據永遠存照

内添土字　　凭中姜希桐

民国丙寅年六月初四日親筆立

姜恩贵弟兄培故等油山、杉木断卖契

立断卖油山杉木并土字人本房姜恩贵弟兄。为因缺少钱用,无处所出,自愿将到地名培故油山乙块,界止(址):上凭买主之山,下凭继连之油山,左凭买主之油山,右凭德喜之油山,四低(抵)分清。今将出卖与本房姜源淋名下承买为业。当日凭中议定价钱捌百零八文。又将乙块,地名补先右山场杉木栽手并土,界止(址):上凭买主之油山,下凭大沟,左凭凤林之共山,右凭买主之油山为(界),四低(抵)分清。此山姜继连弟兄叔侄壹慨出卖与本房姜源淋名下承买为业。当日凭中议定价钱捌百零八文,亲手收足,不欠分文。倘有不清,居(俱)在卖主理落,不关买主之是(事)。恐口无凭,立此断卖字为据。

内添二字。

中笔　姜家滨

民国十五年六月初捌日　立

立断賣油山杉木並土字人本房姜恩貴兄弟
為因缺少錢用無处所出自願將到地名培故
油山一塊界止上憑買主之油山下憑繼達之油
山左憑買主之油山右憑德壽之油山四依分清
今將出賣與本房
姜源淋名下承買為業當日憑中議定價錢
捌百零八文又將一塊地名補先右山場杉木栽手
並土界止上憑買主之油山下憑大清左憑鳳林之
共山右憑買主之油山為四依分清此山姜繼達兄弟
叔侄壹概出賣與本房
姜源淋名下承買為業當日憑中議定價
錢捌百零八文親手收足不欠分文倘有不清居
在賣主理落不関買主之是恐口無憑立此断
賣字為據

內添一字

中筆 姜家濱

民國十五年六月初拾日 立

姜显堂皆冉蜡山场杉木断卖契

立断卖山场杉木字人本寨姜显堂弟兄。为因缺钱用,无处所出,自愿将到祖遗山场一块,地名皆冉蜡,界止(址):上凭元贞之田,下凭水沟,左凭大路,右凭岭与源淋之山,肆抵分清。今凭中出断卖与姜家滨名下承买为业。当日凭中议定价钱陆百〇八文,亲手收足应用。自卖之后,恁凭买主修理管业,卖主弟兄不得异言。倘有不清,俱在卖主理落,不关买主之事。恐口无凭,立此断卖字为据。内添二字。

中笔　姜纯熙

民国丙寅(年)六月拾壹日　立

立断卖山场杉木字人本族姜顯堂弟兄為因缺乏用度
所出自愿将到祖遗山场一塊地名皆冉蜡界止上凭元
貞之田下凭水溝左凭大路右凭嶺冉源淋之山栽杉分
清与凭中出断卖与
姜家潢名下承买為業当日凭中議定價銀陸百文
親手收足应用自卖之後任凭买主修理管業卖
主弟兄不得異言倘有不清俱在卖主理落不與买主
之事恐口無凭立此断卖字為據

内添二字　　中笔姜德熙

民国丙寅六月拾叁日　立

姜家滨皆从里拜山场杉木并菜园断卖契

立断卖山场杉木并菜园杉木约人康忠寨姜家滨。为因要钱用度，无处所出，自愿将到先年□□之山场杉木壹块，地名皆从里拜，界止（址）：上凭元贞之田，下凭水沟与田为界，左凭路，右凭买主等之共山，四抵分明。又将到先年买得菜园贰块，地名皆里培故，界止（址）：上凭田，下凭买主之田，左凭姜秉魁之园，右凭大路，四抵分清。今将此二处出卖与嘉池寨姜源淋舅爷承买为业。当日凭中议定价光洋贰圆整，亲手收足应用。自卖之后，恁凭买主修理管业，卖主决无异言。倘有不清，俱在卖主理落，不与买主相干。恐口无凭，立此断卖字与买主子孙永远存照为据。

中笔　姜纯秀

中华民国十七年戊辰岁二月二十六日　立

立断賣山場杉木並菜園杉木約人康忠寨姜家濱為因要錢用度無處出自願將到先年

[illegible]得之山場杉木壹塊地名皆從里拜界止上憑元貞之田下憑水溝與田為界左憑路右憑買主

等之共山四抵分明又將到先年買得菜園弍塊地名皆里培故界止上憑田下憑買主之田左憑

姜東魁之園右憑大路四抵分清今將此二處出賣與嘉池寨

姜源霖舅爺承買為業當日憑中議定價光洋弍圓忠親手收足應用自賣之後恁憑

買主修理管業賣主決無異言倘有不清俱在賣主理落不與買主相干恐口無憑立此斷

賣字與買主子孫永遠存照為據

中軍姜化齊

中華民國十七年戊辰歲二月二十六日　立

皆从曰匡山场股份清单

立分清单合同本寨姜春茂魁、源淋、梦熊、文举四家，所有共山壹块，地名皆从曰匡①其山界趾（址）：上凭岩洞，下凭大冲，左凭继连山以栽岩为界，右凭冲，四抵分清。此山分为捌股，春茂魁占四股，源淋占贰股，文举占乙股，梦熊占乙股。此山于民国十八年被姜作文强砍，经地方中人姜凤翎、姜作干理论，蒙中劝解，将此山作二股平分，扯索栽岩为界，日后二比各管各业，不得争论。恐后无凭，立此清单合同为据。

源淋执一张，春魁执一张

合同贰纸为据（半书）

民国十八年二月二十六日梦熊笔　立

①皆从曰匡，苗语意为曰匡冲脚。曰匡，苗语意为弯石头。

立分清单合同本寨姜春茂魁源淋梦熊文举四家所
有共山壹塊地名皆從曰匡其山界趾上凭岩洞下凭大冲
左凭继連山以栽岩為界右凭冲四抵分清此山分為
捌股春茂魁占四股源淋占弍股文举占乙股梦熊占乙股
此山於民国十八年被姜作文強砍經地方中人姜
鳳翎姜作幹理論蒙中勸解將此山作二股平
分批索栽岩為界日後二比各管各業不得争
論恐後無凭立此清单合同為据

合同乙姜為照

源淋执一張
春魁执一張

民国十八年二月二十八日梦熊筆立

姜作名父子皆里贞初杉木栽手断卖契

□□[①]卖栽手字人本寨姜作名父子，顺望、□□[②]弟兄。为因缺少银用，无处所出，自愿将到地名皆里贞初之栽手乙块，界止（址）：上凭纯熙之田，下凭岩洞与买主之山，左凭买主之山，右凭岩洞边为界，四抵分明。此山土、栽手分为五股，地主占叁（股），栽手占贰股。栽手之贰股又分为叁小股，作名父子，顺望、朝望弟兄等乙股出卖与姜源淋名下承买为业。当面议定价银光洋四元贰角八仙，父子叔侄亲手收足应用。倘有不清，居在卖主理落，不关买主之事。恐口无凭，立此断字为据。

民国癸酉年四月十四日纯经笔　立

①□□应为“立断”。

②□□应为“朝望”。

[redacted]賣栽手字人本寨姜作名父子順榮
[redacted]弟兄為因缺少銀用無処所出自
[redacted]持到地名皆里貨初之栽手乙塊
界止上憑捨照之田下憑岩洞右憑買主之
山左憑買主之山右憑岩洞子边為界四
抵分明此山土栽手分為五股地主占叁
栽手占式股栽手之式股又分為叁小股●
作名父子順望朝璧望弟兄等乙股出賣与
姜源淋名下承買為業當面議定價
銀光洋四元式角八仙父子叔侄親手收足
應用倘有不清居在賣主理落不関
買主之事恐口無憑立此斷字為據

民国癸酉年四月十四日姚經筆立

姜作辅、姜源霖山场互换约

立拨换字人本房姜作辅。情因所有祖遗山场壹块，地名培格，即在打岩厂①，其山界限：上凭路以梦棋之油山，下凭源淋等之共山，左凭冲，右凭岭为界，四抵分明。此山分为捌股，本名占壹股。今拨换与姜源霖名下为业，源霖将地名皆培冉衣②之田壹丘拨与姜作甫为业。其田之界限：上凭山，下凭文斗姜周信之田，左凭山，右凭冲毫为界，四字（至）分清。其山田二比自愿拨换管业。倘有那人之业不清白，俱在原主理落。恐后无凭，立此拨换字为据。

中　姜文举

代笔　□□

民国乙亥年二月初十日　立

①打岩厂，指开取石料的场地。

②皆培冉衣，苗语意为岩石盘岭下边，在加池寨东往岩湾方向700米处。

立拨换字人本寨姜作干，情因先有祖遗山场壹
地名培格即在打岩厰，其山界限上凭路，以岭㘭之冲
山下凭源林之山，左凭冲，右凭岩为界，四抵分明。此
山分为拾股，本名占壹股，今拨换与
姜源霖名下为业；源霖将地名皆优丹衣之田壹丘
拨与姜作干为业。其田之界限上凭山，下凭文斗姜
周信之田，左凭山，右凭冲毫为界，四字分清。其山田
二比自愿拨换管业，倘有外人争业，不清白，俱在
原主理落，恐后无凭，立此拨换字为据。

[illegible]

[illegible]

民国乙亥年二月初十日 立

姜成顺补先山场杉木断卖契

立断卖山场杉木字人本寨姜成顺。为因缺少钱用,无处所出,自愿将到地名补先山场壹块,界限:上凭顶岭为界,下凭梦海之田,左凭买主之山,右凭田角水沟破上岭与弟苟之山为界,四抵分清。今将出卖与本寨姜源淋名下承买为业,当日凭中议定价元钱伍仟贰百文,亲手领足应用,不欠分文。自卖之后,任凭买主上山修理管业,卖主不得异言。倘有不清,俱在卖主理落,不关买主之事。恐口无凭,立此断卖为据是实。

内添一字。

中笔　姜文斌

民国乙亥年十一月廿八日　立

立斷賣山場杉木字人本寨姜成順爲因
缺少錢用無處所出自願將到地名補
先山場一塊界阻上憑頂嶺爲界下憑姜夢
海之田左憑買主之山右憑田角水溝破
上嶺角第岩之山爲界四抵分清今將
出賣與本寨
姜源淋名下承買爲業當日憑中議
定價元錢伍仟貳百文親手収足應用
不欠分文自賣之後任憑買主上山修
理管業賣主不得異言倘有不清
俱在賣主理落不關買主之事恐口
無憑立此斷賣爲據是實

内添一字

中
筆 姜文斌

民國乙亥年十一月廿八日 立

刚套山场股份清单

立分清单合同字人本房姜秉干、秉魁、春茂、元淋、文举、继琦、献朝、文昌、献猷、元秀、坤泽等。三公所有祖遗之山壹块，地名刚套，另名翻达连，界限：上凭六佰山与土垦为界，下凭土垦与元瀚、献猷二家等之山，左凭岭与元淋之山以下凹凭元瀚等之山、破岭至油山直下油山边以下至土垦为界，右凭小凹以栽岩破边冲抵秉干、元淋等之山至土垦横过岭直破岭抵献猷等之山为界，四抵分清。卖与党央客人杨维森等砍伐下河作贸，凭中马世明议定价钞洋捌拾五元八角整。此山分为三大股：秉干、秉魁、元瀚等占甫明公壹股。此壹股大股又分为三小股，秉干弟兄占壹股，秉魁弟兄占壹股，元瀚弟兄占壹（股），克贞（占）壹股。壹大股分清。春茂、元淋、文举、坤荣、秉干、秉魁弟兄等占甫元壹大股。壹大股又分为四股，元淋占祖遗壹股，文举、坤荣二人占壹股，春茂、秉魁干弟兄、坤荣等占贰股。此贰股分为六小股，春茂弟兄占贰小股，秉干、秉魁弟兄等得买凤章贰小股，坤荣得买凤至贰小股。此壹大股分清。继琦、献朝、元瀚等占甫臣壹大股。此壹大股又分为四股，继琦、献朝等占壹股，文昌弟兄占壹股，元瀚、坤泽叔侄等占壹股，献猷、元魁、元清等占壹股。此壹大股分清。日后子孙照此清单分派管业，不得混争。恐口无凭，立此清单合同三纸，各执壹张为据。

姜秉魁存壹纸，姜源淋存壹纸，姜元瀚存壹纸。

立分合同叁纸各执一纸（三分书）

民国廿六年丁丑岁七月廿日姜秉魁笔　立

立分清單合同字人本房姜東聆、東魁、春茂、元林、
文舉、繼琦、猷朝、文昌、猷猷、元秀、坤澤等三公所有祖遺
之山壹塊，地名剛委另名翻達，連界俱上憑六佰山爲
土垦爲界，下憑土垦爲元翰、猷猷二家等之山，左憑嶺爲
元林之山，以下凹憑元翰等之山破嶺至油山，直下油山
比坎下至土垦爲界，右憑小凹以栽岩破边冲抵東聆
元林等之山，至土垦橫过嶺直破嶺抵猷猷等之山爲
界。四股分清，賣與党央寨人楊継森等砍伐下河作貿，
憑中馬世明議定價錢洋捌拾五元八角，岩岭山分爲
三大股：東聆、東魁、元翰等占甫明公壹股，此壹股又分爲
三小股，東聆弟兄占壹股，東魁弟兄占壹股，元翰弟兄占壹
先貞壹股。壹大股分清春茂、元林、文舉、坤榮、東聆、東魁
弟兄等占甫元壹大股，壹大股又分爲四股，元林占祖
遺壹股，文舉、坤榮六占壹股，春茂、東聆、東魁弟兄坤榮等
占叁股，此叁股分爲六小股，春茂弟兄元占叁小股，東聆、東
魁弟兄等得買賜春茂小股，坤榮得買湾至叁小股，
此壹大股分清，繼琦、猷朝、元翰等占甫臣壹大股，此壹
大股又分爲四股，繼琦、猷朝等占壹股，文昌弟兄
占壹股，元翰、坤澤叔侄等占壹股，猷猷、元魁、元清等占
壹股，此壹大股分清。日後子孫照此清單分派管
業，不得混爭，恐口無憑，立此清單合同三紙，各执
壹張爲據。

姜東魁存壹紙
姜源淋存壹紙
姜元瀚存壹紙

立分清合同三紙各执壹紙

民國廿六年丁丑歲七月廿日姜東魁筆 立

汪邀补山场股份清单和佃字

（立分清）单合同字人本房姜源淋、姜文举、文辅、坤荣等。（所）有共山壹块，地名汪邀补，界止（址）：上凭秉干等之山，下凭冲，左凭水冲，右凭岭与文甫等之山为界，四抵分清。凭中姜坤泽卖与文举、盛富二人砍伐贸易，议定价大洋壹拾陆元肆角八仙正。此山土股分为叁大股，姜源淋与文举占壹大股。文辅、文彬等占乙大股。此乙（股）分为四小股，文辅、文载占乙小股，文煌、文正占乙小股，文彬、文相占贰小股。此乙大股分清。坤荣占壹大股。此叁大股分清。日后照此合同清单管业，子孙不得争论，永远承照为据。

外批：此山姜文辅佃种，限至五年满山成林，如不成林，栽手并无股分，土主另招别人挖种。土栽分为五（股），栽手占贰股。

姜源淋存壹纸，文辅存壹纸，坤荣存壹纸。

立分合同三纸各执壹纸为据（半书）

民国丁丑二十六年八月初一日代笔元瀚　立

[redacted]合同字人本房姜源淋姜文举文輔文彬坤荣
[redacted]共山壹塊地名汪邈補界止上凴東幹等之山下
凴冲左凴水冲右凴嶺与文甫等之山为界四抵分清凴
中姜坤濟賣与文举盛富二人砍伐貿易議定伝大
洋壹拾陆元玖角八仙〇此山土股分为叁大股 姜源淋与
文举占壹大股 文輔文彬等占乙大股此乙分为四小股文
輔文載占乙小股 文煌文正占乙小股 文樹文相占贰小股
此乙大股分清 坤荣占壹大股 此叁大股分清日後照
此合同清單管業子孫不得争論永远承照为据
外批此山姜文輔佃種限至五年滿山成林如不成林栽手並無
股分土主另招别人挖種土栽分为五股栽手占贰股

姜源淋存壹紙 文輔存壹紙 坤荣存壹紙

民國丁丑二十六年八月初一日代筆 元瀚 立

姜秉干顽学杉木栽手断卖契

立断栽手字人本房姜秉干。为因缺钱用,(无)处所出,自愿将到地名顽学[1]所栽手乙块,此山界限:上凭买主,下凭溪,左凭岩洞,右凭冲,四至分清。此山土栽分为伍股,地主占三股,栽手占贰股,秉贞占乙股,秉干占乙股。出卖与姜盛富名下承买为业。当日凭中议定价洋四元八角八仙整,亲手收足应用。其山自卖之后,恁凭买主上山修理管业,卖主不得异言。恐口无凭,立此卖栽手字为据。

凭中　姜文忠

民国二十八年七月十四日秉干　必(笔)　立

①顽学,苗语意为喊魂塘,在乌漫溪下截,已被三板溪电站水库所淹没。

立断裁手字人本房姜秉幹
為因缺錢用處所出自愿將到
地名硐斈所栽手乙塊此山界限
上凴買主下凴溪左凴岩洞右凴
冲四至分清此山土栽分為伍股地〻
主占三股栽手占弍股秉貞占乙股〻
秉幹占乙股出賣與
姜盛富名下承買為業当日凴〻
中議定價洋四元八角八仙憑
親手收足應用其山自賣之后
恁凴買主上山修理管業賣主不
得異言恐口無凴立此賣栽手
字為據

凴中姜文忠

民國二十八年七月十四日秉幹筆立

姜德明培行则杉木栽手断卖契

立断卖杉木栽手字人本房姜德明。为因缺少钱用,无处所出,自愿将到先年种到地主之山场乙块,地名培行则,另(名)南乌粟,界止(址):上凭土埂与继元之共山,下凭河,左凭洪与买主之共山,右凭买主之共山。此山栽手分为贰大股,本名占乙大股。今日凭中议定价钱四仟文,亲手收足。出卖姜元淋承买为业,卖主不得异言。恐口无凭,立此断卖字据。

凭中　姜坤泽

代笔　姜文昌

民国二十八年七月十九日　立

立断賣杉木栽手字人本房姜德
明為因缺少錢用無處所出自愿
將到先年種到地主之山場乙塊地名
培行則另南鳥禀界止上憑土埂與
毗元之荘山下憑河左憑洪興買主之
共山右憑買主之共山此山栽手分
為貳大股本名占乙大股今自憑中議定
價錢四仟文親手收足出賣姜元淋
承買為業賣主不得異言恐口無憑
立此断賣字據

憑中姜坤澤
代筆姜文昌

民國二十八年七月十九日 立

党独狗山场股份清单

(立分清)单合同字人姜继元、继美、源淋、文举、□□、文斌、文昌、文煌、文科、文清、发魁等。因有山壹处,地名党独狗,于民国贰拾捌年十月内卖与本砦姜元灿砍伐下河,价洋贰拾伍元八角正。其山界止(址):上凭土坎左边直上纯熙之田为界,下凭继美之田与岩洞为界,左右凭源霖等之山为界,四抵分明。此山分为叁大股,恩贵弟兄占壹半股,源霖、文举占壹大股半,继元、继美、文昌、文斌等共占壹大股。此壹大股分为四小股,文昌占壹小股,继元、继美、文煌等共占叁小股。此叁大股分清,日后子孙照此清单合同管业,不得错乱。恐后无凭,立此清单合同三纸、各执一纸为据。

源淋执一纸

姜恩贵执一纸

继美执一纸

合同三纸各一纸(半书)

民国二十八年十二月初一日文兴笔　立

[illegible]單合同字人姜继元继美源霖文举
斌文昌文理文科文清叔侄等因有山壹
处地名觉独猶于民国贰拾捌年十月内卖与林
岩姜元灿砍伐下河價洋贰拾伍元八角正其
山界止上凭土坎左边直上纯岭之田为界下凭继
美之田与岩洞为界左右凭源霖等之山为界
四抵分明此山分为叁大股恩贵弟兄占壹
大股源霖文举占壹大股華继元继美文昌文
斌等共占壹大股此壹大股分为四小股文昌占壹
小股继元继美文理等共占叁小股此叁大股分
清日后子孙照此清单合同管业不得错乱恐后
无凭立此清单合同三纸各执一纸为据

姜
源霖执一纸
恩贵执一纸
继美执一纸

合同一样三纸

民国二十八年十二月初一日 文興笔 立

富水党加山股数明晰合同

立分合同字人姜春茂、春魁、元瀚、坤泽、源淋、文举等，因有山场壹块，地名富水党加[①]，界止（址）：上凭路，下凭源淋山，左凭元瀚之山，右凭源淋等之山为界，四抵分明。兹于民国三十一年买[②]与文斗寨姜兴贵砍伐作贸。因股数混杂，是以故主合同[③]分明。此山之土分为四大股，春茂、春魁占壹大股，元翰、坤泽占壹大股，源淋占壹大股，文举占壹大股。此四大股分清，日后照依合同股数分派，各管各业。恐后无凭，立此合同四张各执一张永远存照为据。

元翰一张文举笔，源淋一张坤泽笔，春魁一张文举笔，文举一张坤泽笔。

凭中　姜继元

合同四张各执一张（三分书）

民国三十二年二月二十日坤泽笔　立

①富水党加，苗语意为党加坡的上节岭，在乌什盘路上，距加池约3.5公里。

②买，系笔误，应为“卖”字。

③故主合同，指老山主的股份合同。

立分合同字人姜春茂春魁元瀚坤澤原淋文舉等因有山塲壹塊地名雷水冲加界止上凭路下凭原淋山左凭元瀚之山右凭原淋等之山為界四抵分明于民國三十一年買與文斗寨姜興賓砍伐作貿因股數混雜是以故立合同分明此山之土分為四大股茂春春魁占壹大股元瀚坤澤占壹大股原淋占壹大股文舉占壹大股此四大股分清日後照依合同股數分派各管各業不得爭論恐口無憑立此合同四張各執一張永遠存照為據

憑中 姜继元

元瀚一紙 文舉執
原林一紙 坤澤執
春魁一紙 文舉執
文舉執一紙 坤澤執

民國三十二年二月二十日 坤澤筆 立

党周山场股份清单

立分清单字人嘉(加)池、中仰姜纯道、姜源霖、陆茂富等。所有共山壹块，地名党周洪头下去右边之山。此山地主分为四大股，源霖占贰股、纯道占壹股、茂富占壹股。于民国叁拾贰年八月十四日卖与王砦[1]王先寿砍伐下河，议定木价洋壹仟贰佰伍拾元整。其山界趾(址)：上凭顶，下凭开运义之山，左凭木洪以下小冲横过开义、凤仪之山却又下小冲为界，右凭岭，四抵分明。今立此清单各照合同一纸承照。

合同清单贰纸各执一纸(半书)

民国叁拾贰年八月十四日代书姜文煜　立

①王砦，即今锦屏县县城三江镇王寨，位于清水江北岸，清康熙时起即形成木材市场，与上游的卦治、下游的茅坪并称为“三江”，锦屏及以上地区的木材贸易集中于此进行。民国3年(1914年)，锦屏县城从铜鼓迁于此。

立分清单字人王嘉池、仰善、德道、善源、

丙洪、洪浇、拔富等，今有共山壹块，地名党

周洪头下去右边之山，此山地分为四大股，

源霖占贰股，德道、善道占壹股，拔富占壹股。

于民国叁拾弍年八月十四日请与王若玉、

先寿、廷位下河议定，木植洋壹仟弍佰

拾元，其山界趾上凭顶，下凭冲，义连之

山，左凭本洪以下小冲横过冲义凤仪

之山，上节以下小冲为界，右凭岭，四抵分明。

今立此清单存照，合同一纸四张。

[illegible]

民国叁拾弍年八月十四日代笔王文煊立

岗套山场股份明晰清单

立分关合同字人本寨姜显堂、姜永璋、姜家珍、姜家望、姜盛荣弟兄叔侄等。有共山乙幅，地名岗套，被中仰砦陆宗礼、陆宗怀等盗卖与党养村杨惟森砍伐，众等阻号无效，取（起）诉瑶光乡调解委员会姜启介、姜泽标、姜宗昌会员等量山定划界，照契各管各业。此山分为三幅，上幅是姜静之私山，中幅是纯熙之山，下幅是众等之共山。此山分为三大股，姜显堂公孙占贰大股，姜盛荣弟兄叔侄占乙大股。上凭姜纯熙之山，以土砍（坎）为界，左凭姜纯熙之山直下冲为界，右凭纯熙之山角与盛荣弟兄叔侄、秉魁之共山相连为界，下凭盛荣弟兄叔侄、秉魁之共山为界，四抵分清。又被姜元翰鲸吞情事。特立分关合同永远存照。

立分关合同（半书）

姜盛荣存乙纸，姜显堂存乙纸，姜永璋存乙纸，姜静存乙纸。
大中华民国卅五年十月初六日　立

立分關合同字人本寨姜昌堂、姜永璋、姜宗珍、姜宗望
姜盛榮弟兄叔侄等有共山一幅，地名岩崴裳段中仰岩陀
宗禮、宗懷等蓋賣與党秀村楊惟森砍伐完等
那今已毀取訴憑先鄉關解姜貞会、姜殿存、姜犀
梠、姜崇昌、会員等量山定界，照契管業。此山
分為三幅：上幅是姜静芝、禮山，中幅是陀熙之山，下幅
是宗[illegible]等之共山。此山分為三大股，姜昌堂分操占一大股，
姜盛榮弟兄叔侄占一大股，姜陀熙之山[illegible]占一股為界，
左憑姜陀熙之山直下沖為界，右憑陀熙之山角與盛
榮弟兄叔侄業毀之共山相連為界，下憑盛榮弟兄叔
侄業毀之共山為界，四抵分明，其有疲姜老翰蘇居住為憑。
立分關合同永遠存照

合同六張各存一張

姜盛榮 存山紙
姜昌堂 存山紙
姜永璋 存山紙
姜静 親筆

天中華民國卅五年十月初八日立

污在丹三公山右边岭股份清单[①]

立分清单合同字人姜秉干、秉魁、梦麟、元瀚、文举、盛荣、兴吉、承璋、继元、文昌、献尤、元魁、梦麟、文煌等。所有共山地名污在丹三公山右边岭下截壹幅，界止（址）上凭元瀚等之山，下凭洪与继元、元瀚等之山，左凭岭，右凭冲与文昌所种之山。议与南路[②]杨启彬砍伐作贸。议价市洋伍拾肆万捌千八百元。此山分为叁大股。第一大股此股又分为六小股，秉魁占贰小股，梦麟弟兄叔侄九家占贰小股，秉干占乙小股，元汗占乙小股，此壹大股分清。第二大股又分为六小股，盛荣弟兄占贰股半，文举、秉魁等占乙股半，又分为二股，文举占一股，秉干、秉魁、鹤寿占一股，承璋占乙小股，兴吉占乙小股，此二大股分清。第三大股分为廿四小股，元秀、坤泽叔侄占六股，梦麟弟兄叔侄占四股，献尤占乙股，元魁占乙股，继元弟兄叔侄十家占六股，继元十家占乙股半，文昌占乙股半，承璋占三股。此第叁大股分清。日后照此清单合同管业，永远存照为据。

此稿是姜元瀚亲笔

大中华民国三十六年元月二十三日

①此份文书系草稿。

②南路，即南怒。

立分清单合同字人姜东龄、东魁、梦麟、元
瀚、文举、盛荣、兴吉、承璋、继元、文昌、献光、元魁、梦
麟、文煌等所有共山一块，地名冉在三公山右边岭下截，界止上凭元瀚等之
山，下凭洪与继元、元瀚等之山，左凭岭，右凭[illegible]冲与文昌所种之山，
[redacted]山，议与南路杨启彬砍伐作贸，议价
市洋伍拾肆万捌千八百元。此山分为叁大股，第一大股发又分为京小股，
东干、元汴、[illegible]麟共占山一大股，东魁占一股，梦
麟弟兄叔侄占（元泉）叁小股，东干占山小股，元汴占山小股，
此叁大股分清。文举、盛荣弟兄、兴吉、承璋、东魁
此第二大股，又分为六小股，盛荣弟兄占贰股半，文
举、东魁侍占山股半，承璋占山小股，又分为二股，文举占一股，东干、东魁侍占一股，兴吉占山小股，此二大股分
清。第三大股分为廿四小股，元秀、仲泽叔侄占
六股，梦麟弟兄叔侄占四股，献光占山股，元魁占山股，
继元弟兄叔侄十家占六股，继元十家占山股半，文
昌占山股半，承璋占三股，此第叁大股分清。
日后照此清单合同管业，永远存照为据。

此稿是姜元瀚亲笔

大中华民国三十六年元月二十三日

姜坤泽等培喜则杉木栽手断卖契

立断卖栽手字人本砦姜坤泽、文烈、文泮。为因缺少洋用，无处所出，自愿将到地名培喜则之栽手乙块，界止（址）：上凭洪路，下凭岩洞，左凭路，右凭买主之山与小毫为界，四抵分清。今将出卖与地主姜盛荣、盛富、盛贵、绍列叔侄等承买为业。当日凭中议价谷乙百肆拾四斤整，亲手收足应用。字（自）卖之后，买主上山修理，卖主不得异言。恐口无凭，立有卖栽手字为据。

内添二字。

凭中　姜文举

民国卅六年二月十五日亲笔　立

立断賣栽手字人本寨姜坤澤烈文洋為因缺
少洋用無從出自愿将到地名塘喜塱之
栽手乙塊界止上凴洪路下凴岩洞左凴路
右凴買主之山每小亮為界四抵分清今将
出賣与地主
姜盛荣盛富盛貴鉊利叔侄等承買為業当
日凴中議價谷乙百肆拾四斤悉親手收足应
用字賣之以買主上山修理賣主不得異言
恐口無凴立有賣栽手字為據

内添二字

凴中姜文之筆

民国卅六年十二月十五日親筆 六一

尾包半截山股份清单

立分清单合约字人加池寨姜元瀚，格翁范德泽，南路马配松、配昆等，于先年共有青山[①]壹幅，地名加池塘，另名尾包半截山。其山界限：上凭土垦与元瀚等之山，下凭大河，左右凭冲，四至分明。于民国三十五(年)十二月内，众等山友磋议，凭中议卖与瑶光河口姜宗铭砍伐下河。当议价洋壹佰零陆万陆仟捌佰元正。众山友将洋收足分清，特立清单合同七纸，各执一纸存照。此山分为贰拾两，列后：

姜元瀚占壹两五钱三分乙厘贰毫五，姜坤荣占五两零六分贰厘五，姜昆伦占壹两五钱三分乙厘贰毫五，姜锡禄占壹两五钱正，姜盛荣弟兄占壹两五钱正，姜秉魁占壹两六钱六分六厘，范德泽叔侄占贰两正，马配昆弟兄占壹两八钱七分五，马配松占叁两三钱三分二厘。

姜静存基槐笔，配松笔批。

民国卅六年二月廿三基槐　立

①青山，也称为"活立木"，泛指杉木已成材的山林。

立分清单合约字人加池寨姜元瀚、秉魁、范
凤泽、南乡马纪松、纪嵩等，於先年共有青山壹幅，地名
加池塘，另名屋包丰截山，其山界限上凭土恳与元瀚
等之山，下凭大田，左右凭冲，四至分明。於民国三十五
十二月内众等山友议凭中议卖与姜老河口
姜宗铭砍伐下河 议价洋[illegible]仟
捌佰元正 众山友将洋收足分清 特立清单合同七纸
各执一纸存照 此山分为贰拾两 列后
姜元瀚占壹两五钱三分，应分贰毫五
姜坤荣占五两，应分贰厘五
姜坤伦占壹两五钱三分，应分一毫五
姜锦禄占壹两五钱正
姜盛荣弟兄占壹两五钱正
姜秉魁占壹两六分六分六厘
范凤泽叔侄占贰两正
马纪嵩弟兄占壹两八钱七分五
马纪松占壹两六钱二分二厘

姜静存 基槐笔
纪松笔批

民国卅六年二月二十三 基槐 立

从套山场股份清单

立分清单合同字姜恩贵、康成、盛贵、秉魁、文举、盛荣弟兄叔等。所有共山壹块，地名从套，界止（址）：上凭土砍（坎），下凭大冲，左凭元瀚等之山，右凭屋地平（坪）角为界。今卖与河口姜宗铭砍伐下河，议定价钞洋叁拾壹万捌仟元。此山分为三大股，秉魁、恩贵、鸿寿、盛贵、康成等占壹大股。此壹大股分为二小股，恩贵、康成弟兄占壹小股，秉魁、盛贵、鸿寿、克贞等共占壹小股。此壹大股分清。盛荣弟兄叔侄占壹大股。余壹大股分为二小股，文举占壹小股，盛荣弟兄叔侄占金培壹小股。此三大股分清。日后照此清单分派，股数不得错乱。恐后无凭，立此清单合同四纸各执壹纸为据。

姜文举存壹纸盛贵笔　姜盛贵存壹纸秉魁笔

姜恩贵存壹纸盛贵笔　姜秉魁存壹纸盛贵笔

中华民国卅六年二月廿六日　立

注：有三分书，但字难辨。

立分清單合同字姜恩貴、康成、兴夫、東魁、文舉、盛榮弟兄叔等所有共山壹塊地名從養界止上凭土坎下凭大冲左凭元瀚等之山右凭屋地平南為界今賣與河口姜宗銘砍伐下河議定價銀洋叁拾壹萬捌仟元此山分為三大股東魁恩貴鴻壽盛貴康成等占壹大股此壹大股分為二小股恩貴康成弟兄占壹小股東魁盛貴鴻壽克貞等共占壹小股此壹大股分清盛榮弟兄叔侄占壹大股餘壹大股分為二小股文舉占壹小股盛榮弟兄叔侄占金培壹小股此三大股分清日後照此清單分派股數不得錯乱恐後無凭立此清單合同四聯各執壹聯為據

姜文舉存壹張盛貴筆
姜盛貴存壹聯東魁筆
姜恩貴存壹聯盛貴筆
姜東魁存壹聯盛貴筆

中華民國卅六年後二月廿六日　立

刚套右边冲山场股份清单

立分清单约字人姜元瀚、盛荣、坤泽、坤荣等。有共山壹块，地名刚套右边冲，其山界上凭岭，下凭冲，左凭冲，右凭岭抵元瀚之山，四抵分清。此山卖与河（口）姜宗铭砍伐作贸，议定价洋叁拾贰万八仟元。此山分为叁大股，元瀚叔侄等贰股，又分为十股，元瀚叔侄占贰股半，坤泽占贰股半，元魁占壹股，元清刚二人占壹股，坤荣占贰股，元瀚占壹股。此贰股分清。余壹大股又分为四小
荣
股，盛富、绍烈占贰小股，坤荣占壹小股，文举占壹小股。此壹大股分清。日后
贵
照此清单合同管业。恐后无凭，立此合同为据是实。

姜盛富存乙纸　姜坤荣存乙纸

合同贰纸各执壹纸存照（半书）

民国三十六年三月十四日坤荣笔　立

立分清单合约字人姜元翰、盛荣、坤泽、坤荣等，有共山壹块，地名刚衮边冲，其山界上凭岭，下凭冲，左凭冲，右凭岭，抵元翰之山，四抵分清。此山卖与何姜宗魁砍伐作价，议定价洋叁拾贰万仟元。此山分为叁大股，元翰叔侄等占贰股，又分为十股，元翰叔侄占贰股，坤泽占贰股半，此贰股分清。（元斗占壹股，元清二人占壹股，坤荣占贰股，元翰占壹股）余壹大股又分为四小股，盛荣、富绍烈占贰小股，坤荣占壹小股，文举占壹小股，此壹大股分清。日后照此清单合同管业，恐后无凭，立此合同为据是实。

合同二纸各存壹张

姜盛富存壹纸
姜坤荣存壹纸

民国三十六年三月十四日　坤荣笔　立

刚套油山脚山场股份清单

立分合约清单字人姜元瀚、坤荣、盛荣、锡禄等。所有共山乙块，地名刚套油山脚，界止（址）：上凭油山脚，下凭继元、元瀚等山，左凭岭与元瀚、锡禄等之山，右凭岭与元瀚等共山为界，四抵分明。此山卖与瑶光河口姜宗铭砍伐下河，价市洋陆拾贰万零八百元。此山土主分为二大股，元瀚叔侄等乙大股，余存乙大股分四小股，坤荣占贰小股，盛荣弟兄占乙小股，锡禄、文举共占乙小股，此股数分清。日后照此合同清单远永存照。

姜锡禄存乙纸　姜元瀚存乙纸　姜盛荣存乙纸

合同六张各执一纸存照（三分书）

民国卅六年三月十四日姜锡禄笔　立

立分合约清单字人姜元瀚、坤榮、盛榮、錫祿等所有共山一塊，地名
剛套山油山脚，界止上憑油山脚，下憑繼元、元瀚等山，左憑嶺爲
之瀚、錫祿等之山，右憑嶺爲之瀚等共山爲界，四抵分明。此山
賣與登光、河仁、姜宗恒砍伐下河，得價市洋陸拾貳元零
八角。此山土並分爲二大股，元瀚、叙德等占大股，餘存大股分四
小股，坤榮占貳小股，盛榮、翠元占一小股，錫祿、文舉共占一小股。此
股有分，清日後照此合同清单遠永存照。

姜錫祿存一紙
姜元瀚存一紙
姜盛榮存一紙

民國卅六年三月十四日　姜錫祿筆　立

污什山场股份清单

立分合同字人本寨姜家旺、姜承璋、姜文举、姜盛富弟兄叔侄、侄子绍烈等。所有山场乙块，地名污什，另名皆里计[1]，在盘过污什溪路坎下的下边。其山界趾(址)：上凭水沟，下凭水沟，左凭田角，右凭值(直)下冲为界，四字(至)分明。买(卖)与本寨姜家珍作贸砍伐。此山分四大股，姜盛富叔侄占乙大股，此乙大股分清。余存叁大股姜家旺占乙股半，姜承璋占乙股半，此叁大股分清。日后子孙照此合同之股数分账，永远存照，子孙发达。

姜盛富执乙纸　姜家旺执一纸　姜承璋执一纸

姜盛富笔

合同叁纸各执一纸

民国三拾陆年五月初十日　立

①皆里计，苗语译音，意为田坎下边。

立分合同字人本寨姜家旺、姜秉璋、姜文
彝、姜盛富弟兄叔侄侄子绍烈等所有
山场一块，地名污汁，另名皆里前在盘过污
汁小溪路坎下的下边，其山界址上凭岭水沟，
下凭小溪，左凭田角，右凭值不冲为界，
四字分明。实与本寨姜家珍作贸栽杉，以山分
为二大股，姜盛富叔侄占一大股，以下股分二股分清，栽存
栽手一股，姜家旺占一股，毕姜承璋占一
股半，此栽大股分清，日后子孙照契管
同一股数分单，永远存照，子孙契
这姜盛富执一纸
姜家旺执一纸　姜承璋执一纸　姜盛富　笔
合同叁纸，各执一纸
民国三拾陆年五月初六日　立

姜氏玉交等南污粟山场杉木断卖契

立断卖山场杉木字人本房姜氏玉交、孙鹤寿、锦寿。为因缺少洋用，无处所出，自愿将到山场杉木乙块，地名南污粟山乙块，界止（址）：上凭土垦与买主所共之山，下凭溪与路，左凭溪与岩洞，右凭木洪买主之山为界，四抵分明。今将出卖与姜盛富名下承买为业。当日议定断价市洋壹万贰千八百元正，亲手收足应用。之后恁凭买主修理管业，卖主不得异（言）。恐口无凭，立此断卖为据。

外批：此山土股分为叁大股，三大股又分为贰拾四小股，本名占壹股半出卖。

中笔　文科

民国叁拾陆年五月十四日　立

立断卖山塲杉木字人本房
姜氏玉交孙鹤寿锦寿为因
缺少洋用无处所出自愿将
到山塲杉木乙块地名南污粟
岜塊界止上凭土垦与买主所
共之山下凭溪与路左凭溪
与岩洞右凭木拱买主之山为
界四抵分明今将出卖与
姜式盛富名下承买为业当
日议定断价市洋壹萬弍千
八百乙元正亲手收足应用无
後任凭买主修理管业卖人不
得異说口无凭立此断卖为据

外批此山土股分为叁大股三大股又分为
弍拾四小股本名占壹股半出卖

民国叁拾陆年五月十四日　中笔文种　立

冉谷山木股份单[①]

立分合同字人姜盛富弟兄、坤荣、锡禄等所有共山乙块，地名冉谷，界止(址)：上凭纯善田，下凭冲，左凭岭抵锡禄珍等共山，右凭小岭抵坤荣等共山破下栽岩为界，四至分清。今议与[②]瑶光姜宗铭砍伐下河作贸，议定价市洋叁拾陆万八千元。其山之地主分为捌股，盛富弟兄占陆股，坤荣占乙股，锡禄弟兄占乙股。日后照股数均分，不得错乱。恐口无凭，立此清单合同永远存照。

姜锡禄　笔

民国三十六年六月廿二日　立

①文书中有三分书，但字难辨认。

②议与，即"商议卖与"。

立分合同字人姜盛富弟兄坤荣胜禄兹因有
共山山塆地名冉冬界止上凭化善田下凭冲
左凭岭抵胜禄弟与共山右凭小山岭抵坤荣为
共山岭下截山岩为界四至分清今议与姜
姜宗铭砍伐下河贸卖众议定价市洋叁
拾陆万八千元其山之地主分为捌股盛
富弟兄占陆股坤荣占一股胜禄弟兄占一股
日后照股均分不得错乱恐口无凭
立此清白合同永远存照
上大人丁乙己一
姜胜禄笔
民国二十六年六月廿二日立

冉皆什左边山场股份清单

立分合同字人姜盛富弟兄、秉魁、梦棋、锡禄、纯礼叔侄等,元瀚、坤荣叔侄,献猷叔侄等。所有共山乙块,地名冉皆什左边,界止(址):上凭土垦与盛富、秉魁等之山,下凭溪,左凭秉魁之山,右上截凭元瀚叔侄等之山。右下截凭元瀚、盛富等之山为界。此山土股分为三大股:

第壹大股分为三小股,元瀚叔侄占乙小股,纯礼、锡禄、梦麒叔侄等占乙小股,秉魁占乙小股。此乙大股分清。

第贰大股分贰股。此乙股又分三小股,元瀚、坤荣占乙小股,秉魁占乙小股,梦麒、锡禄、纯礼叔侄等共占乙小股;余乙股又分为三小股,元瀚占乙小股,盛富弟兄占乙股,元瀚等占乙小股。此贰大股分清。

第三大股分为四小股,元瀚等占乙小股,献猷等占乙小股,盛富弟兄占乙股,元瀚等占乙小股。此三大股分清。日后照依合同清单管业,不得争论。恐口无凭,立此合同永远存照。合同四纸。各执一纸为据。

姜元瀚执一纸,姜秉魁执一纸,姜锡禄执一纸,姜盛荣执一纸

合同四纸各执一纸存照(半书)

锡禄笔

民国三十六年六月廿三日　立

立分合同字人姜盛富、元禹、魁尧、锡祺、化礼、和德、

思、元瀚、仲荣、和仁、献龙、和德、英，所有共山一块，地名井

皆什左边界止冲恩上至盛富、东魁叔侄之山，下凭

溪，右凭东魁之山，右以栽凭元瀚、和德、英山，下以

溪凭。元瀚、盛富、叔侄之山为界。此山分为三大股。

第壹大股分为三小股，元瀚、和仁叔侄占一小股，化礼、锡祺、秀

祺、和仁叔侄占一小股，东魁占一小股。此山一大股分清。

第贰大股分为二股，此山一股又分三小股，元瀚、仲荣占一小股，东

魁占一小股，秀祺、锡祺、化礼、和德叔侄共占一小股，

又分三小股，元瀚占一股，盛富、弟元禹占一小股，元翰叔侄

占一小股。此贰大股分清。

第三大股分为四小股，元瀚叔侄占一小股，献龙、茂富占一

小股，盛富、弟元禹占一股，元瀚叔侄占一小股。此三大股分

清，日后依照合同清单管业，不得争论。恐

口无凭，立此合同永远存照。合同四纸，各执一

纸为据。

姜元瀚执一纸

姜东魁执一纸

姜锡祺执一纸

姜盛荣执一纸

合同四纸各执一纸存照

锡祺 笔

民国三十六年六月廿三日 立

冉蜡山场股份清单

立分合同字人本家姜春魁、文举、盛荣、盛华、盛富、盛贵等。所有祖遗山场壹块,地名冉蜡。其山之界限:上凭元汗、坤荣之田,下凭纯义之田,左凭岭以菜园,右凭岭路,四抵分明。此山分为贰大股:春魁、盛荣公孙共占壹大股,此壹大股又分为叁小股,春魁占壹小股,盛荣弟兄叔侄买占贰小股,此壹大股分清。余壹大股又分四小股,文举占壹小股,盛荣弟兄叔侄占叁小股,于民国三十六年七月十一日因所要木料造屋,当凭本房凭中人姜继元叔公分为六阄,春魁占贰阄,砍来起造屋,一、三、四、五、六阄俱系文举、盛荣等共占,文举之股亦砍来造屋,余存之木一概系俱盛荣弟兄叔侄蓄禁。日后老木砍尽,其有二届照依股数均分。恐后无凭,立此合同贰纸,各执一纸存照。

外批:下边中间有园二小块,有杉木乙根,各在园之内盛荣弟兄私下,文举、春魁无股分,先父得买。此批。

凭中　姜继元(半书)

合同贰纸为据(半书)

中华民国三十六年七月十一日姜静　笔

立分合同字人本家姜春魁、文华、盛荣、盛锦、盛富、盛贵
等，今有祖遗山场壹块，地名冉猪，其山之界限，上凭岸
坤荣之田，下凭冲萬之田，左凭岭以菜园，右凭岭路，四
抵分明。此山分为贰大股，春魁、盛荣、公孙共占壹大股，其
大股又分为叁小股，春魁占壹小股，盛荣弟兄叔侄买占
贰小股；其一大股分清，係连壹大股，又分四小股，文华占壹股，
盛荣弟兄叔侄占叁小股。于民国二十六年七月十二日，因盛
要木料造屋，当凭本房凭中人姜继元、叔公分为六开，春
魁占贰开，砍来起造屋一三间，五六开俱係文华、盛荣等共，
占文华之股无砍来造屋，係存之木一根，俱係盛荣弟兄
叔侄等，日后老木砍尽，其有二届照股段表均分。恐口
无凭，立此合同贰纸，各执一纸存照为據。
外批：下边中间有茵二小块，有杉木二根，在民国二十六年内盛荣弟兄
私下文华、春魁无股，係先父所买，此批。
合同为據　凭中　姜继元
中华民国二十六年七月十二日　姜静笔

皆余山场股份清单

立分合同字人本家姜春魁、文举、盛荣弟兄叔侄等。所有祖遗山场壹块，地名皆余。其山界限：上凭盘路，下凭秉魁之田，左上截凭文正油山，左下截凭文举之山，右上截凭岭，右下截凭继元油山为界。此山分为贰大股，春魁占祖遗壹大股，文举、盛荣弟兄叔侄占祖遗一大股。日后照此合同管业，不得争论。恐后无凭，立此合同二纸各执一纸为据。

春魁执一纸　盛荣执一纸

凭中　姜继元

合同贰纸存照(半书)

民国三十六年七月十一日　文举笔立

立分合同字人本家姜春魁文举盛荣弟兄叔侄茲所有祖遗山场乙块地名皆阳其山界限上凭盘路下凭東魁之田左上截凭文正油山右下截凭文举之山右上截凭上岭右下截凭佳元油山为界其山分成式大股春魁分祖遗壹大股文举盛荣弟兄叔侄分祖遗一大股日后照此合同管業不得争论恐后无凭立此合同二纸各执一纸为據

春魁执一纸

盛荣执一纸

凭中姜继元

合同大吉二纸

民国三十六年七月十一日 文举笔 立

板穷套山场股份清单

立分合同字人本寨姜盛荣、文举、盛富、盛贵、绍烈、姜秉魁、恩贵等。祖父所有共山乙块，地名板穷套①。其山界止（址）：上凭土坎与家旺、盛荣等之山，下凭大冲，左凭领（岭）与元瀚等之山，有栽岩为界，右凭小冲与屋地坪角抵盛富弟兄之山为界，四抵分清。另清此山分为九股，家旺先年得买姜克贞乙股，余存八股，姜盛富弟兄占六股，姜恩贵占乙股，姜秉魁占乙股股。此九股分清。为前次分之合同不合，久后清出作无效。家旺清出姜克贞之卖契，另分此合同有效，日后子孙照此合同管业存照为据。

姜盛富存乙纸　姜家旺存乙纸

合同贰纸各执壹纸（半书）

外批：前月姜秉魁、恩贵二人分有合同贰纸作无效。

民国卅六年古七月卅日姜盛富笔

①板穷套，苗语意为刚套冲边坡。

立分合同字人本寨姜盛荣、盛富、盛贵与姜
秉魁、恩贵等祖父所有共山一块，地名板彰
冲，其山界止上凭土坎与家旺、盛荣等之山，
下凭大冲，左凭岭与元发等之山，有载岩为
界，右凭小冲与屋地坪角为界。此山分清山股分
九股，家旺先年得买姜克贞之一股，余存八股，姜盛
富弟兄占五股，姜恩贵占二股，姜秉魁占一
山。此九股分清，为前次分之合同不合，今后凭
出作无效，家旺清出姜克贞之卖契，另分
此合同，有效，日后子孙照此合同管业存照
为据。

姜盛富存一纸
姜家旺存一纸

合同贰纸 文亡九三二 各存

外批：前同秉魁、恩贵二人所有合同贰纸作无效。

民国卅六年古七月卅日 姜盛富笔

培粟山场股份清单

立分合同字人姜家望、姜文举、盛荣、盛富、盛贵、绍烈等。先年祖先有共山乙块，地名党养，另名培粟，在林老五所佃种马姓之田棚子[①]右手边冲。此山界趾（址）：上凭土坎以岩，左凭岭以田角直下，右凭冲，下凭水沟，水沟是下三丘田之水沟，四抵分清。其山分为三大股，家望占贰大股，余乙大股文举、盛荣弟兄叔侄等共占，三股分清。此山为被本砦姜继元、秉魁、元汗等错卖与河口姜宗铭砍伐作贸，我等请中理论，蒙龙乡长儒林解劝，断土归家望、文举、盛荣等管业，补山价洋贰拾万元，并立清白字存在家望手收，系儒林亲笔立。日后子孙照合同管业，不得争论。立此合同存照。

凭中　马配昆
　　　李枝才

立分合同永远存照（半书）

中华民国三十六年七月卅日姜盛贵　笔

①田棚子，旧时，锦屏地区农民往往在离家较远的田边搭棚子，一者可临时关牛，二者耕作时可以休息。

立分合同字人姜家兴姜文举武荣武富武贵翔达

等先年祖先有共山一块地名党秀另名壕冲在杜老

五所佃种高姓之田棚子右手边冲此山界址上凭土坎以

岩右凭岭以田角直下右凭冲下凭水沟水沟界下

三坵田之水沟为界内抵分清共山分为三大股家兴占贰

大股系以大股文举武荣弟兄叔侄等共占三股分清

此山为杉木被姜继元秉魁元仟等错卖与何占姜

家龄砍伐不买我等请中理论　蒙龙乡长徐杂

解劝双方知家兴文举武荣等管业补山价洋贰拾万

元并立请约字存在家兴手收系凭木观当日

须子孙照合同管业不得争论立此合同存照为据

凭中　马融乾

李枝才

立分合同永远存照

中华民国三十六年七月廿日　姜武贵笔

姜坤宁培喜则杉木栽手卖契

立卖栽手字人本砦姜坤宁。为因缺少洋用，无处所出，自愿将到地名培喜则种土主[①]，界止（址）：上凭洪路，下凭岩洞，左凭洪头，右凭土主与小毫为界，四抵分清。今将出卖与土主。此之栽手分为叁股，本名占乙（股），姜盛荣、盛富、盛贵、绍烈叔侄四人等承买为业。当日凭中议定谷只（子）柒拾贰斤整，亲手收足应用。买主上山修理，卖主不得异言。恐口无凭，立有卖栽手字为据。

凭中　坤泽代笔

民国卅七年正月十四日　立

①种土主，此处漏字，意思是“截种土主之山场”。

立賣栽手字人本岩姜坤寧為鍋因少洋用無處出自愿將到地名培喜則種土一主界止上憑洪路下憑岩洞左憑洪頭右憑土主與小毫為界四抵分清今將出賣與土主山之栽手分為叁股本名占山姜盛榮盛富盛貴紹烈叔侄四人等承買為業當日憑中議定价只洋拾弍元正親手收足應用買主上山修理賣主不得異言恐口無憑立有賣栽手字為據

憑中坤祥代筆

民國卅七年正月十四日　立

冉故苟山场股份清单

立分地土合同字人加池寨姜文举、□□叔侄，岩湾寨范永胤。情因有共山壹块，土名报假莫[①]，另名冉故苟。其山界限：上凭土坎与范锡太之共山，下凭土坎与李老官[②]、范国藩之山，左路坎上凭岭与范锡盛山路坎，下凭姜贵主之山，右路坎上凭岭张光义与马姓山，右路坎下凭范基植之山与岭为界，四抵载明。此山分为肆大股，姜文举占乙大股，姜盛荣占贰大股，范永胤买占金培乙大股。此肆大股分清，日后各家子孙照此合同股数管业，不得异言。恐后无凭，立此合同叁纸各执一纸存照为据。

此届永胤佃栽，日后土栽均着四六分，土占六股，栽占四股。

姜文举存第一纸　姜盛荣存第二纸　范永胤存第三纸

合同叁纸各执一纸(三分书)

民国三十七年四月初四日永胤笔　立

①报假莫，苗语音为“báo gà jián”，意为架枧的山包。

②李老官，又名李作元，南怒村人。其生育有八子二女，至 1962 年发展成有 62 人的大家庭，四代同堂。大家庭由其妻杨晚芝“主政”。杨晚芝精明能干，为人正直，处事公道，深得子媳信任爱戴。杨晚芝本着“男主外、女主内”的传统，对每个家庭成员均有明确的分工和任务，有人主要负责造林，有人主要负责田务，有人主要负责打鱼，有人主要负责做木材生意，杨氏亲自经理家庭财务。人人有事做，个个不空闲。每年正月上旬，杨氏召开家庭会议，公布上一年经济收入和支出情况，根据对家庭贡献大小将结余当众分发给各子媳，并安排新一年的重要事务。1963 年“四固定”后，为方便生产和管理，根据当时生产大队的意见，李老官家分为 8 家，每个儿子独立为一家，组成一个生产队。

立分地土合同字人加池寨姜文举 叔侄崇广、寨范永凯，情因有共山壹块，土名冯假冥，另名冉故荀。其山界限：上凭土坎与范锡太之共山，下凭土坎与李老官、范国庸之山，左路坎，上凭山岭与范盛山路坎，下凭姜贵生之山，右路坎，上凭山岭张光彩与姜姓山，右路坎下凭范基植之山与岭为界，四抵载明。此山分为肆大股，姜文举占一大股，姜盛荣占贰大股，范永凯买占全造大股，此肆大股不清，日後各家子孙照此合同股数合管业，不得異言。恐後無凭，立此合同叁纸，各执一纸永远为据。

此屋永凯佃栽，日後土栽均分为四六分，土占六股，栽占四股。

姜文举存第一纸　　姜荣盛存第二纸

范永凯存第三纸

合同叁纸各执一纸

民国三十七年四月初四日　永凯笔　立

污在丹四方山股份清单[①]

立分清单合同字人姜元瀚、姜继美、姜继元、姜盛荣、姜锡禄叔侄等。有共山壹块，地名污在丹四方山，其山界限：上凭三公共山以土坎，下凭溪，左上节凭元瀚之山，左下节凭三公共山，均以栽岩，右凭冲为界，四抵分明。今卖杉木与雄黄罗秀章[②]砍伐作贸，凭中议定价市洋贰拾伍亿捌千仟万正。当立清单合同，将股数叙明于后。日后照此合同分派，特立合同伍张，永远存照为据。

此山地主分为肆大股：姜元瀚、继元叔侄等共占贰大股，又分为肆小股，姜元瀚名下占壹小股，姜坤荣名下占壹小股，姜继元名下占壹小股，姜坤仑名下占壹小股；姜盛荣弟兄占壹大股，余壹大股又分为贰小股，姜锡禄弟兄名下占壹小股，姜继美名下占半股，姜盛荣富弟兄占半股。

姜元瀚存第一张　姜盛荣存第二张　姜继元存第三张　姜锡禄存第四张
姜继美存第五张

代笔　岩湾范锡盛

中华民国三十七年十二月初一日　立

①文书中有三分书，但字难辨认。

②罗秀章，时任锦屏县启蒙乡乡长。1950 年春参加锦屏地区国民党残余武装叛乱，企图颠覆新生的人民政权，1951 年被处以枪决。

立分清单合同字人姜元瀚、姜继美、姜继元、姜盛荣、姜锡禄叔姪等，有共山壹块，地名污在丹田方山，其山界限：上凭三公共山以土坎，下凭溪，左上截凭元瀚之山，左下节凭三公共山，同以栽岩，右凭冲为界，四抵分明。今卖杉木与雅萬罗彦章砍伐作贸，凭中议定价市洋贰拾伍亿捌千萬元，当立清单合同，将股数叙明在此，日后照此合同分派，特立合同伍张，永远存照为据。

此山地主分为拾大股

姜元瀚、姜继元叔姪等共占贰大股，又分为拾小股

姜元瀚名下占壹小股

姜继元名下占壹小股

姜坤荣名下占壹小股

姜坤崙弟兄占壹小股

姜继美占半股

姜盛荣弟兄占壹大股

余壹大股又分贰小股

姜锡禄弟兄占壹小股

姜盛荣富弟兄占半股

姜元瀚存第一张

姜盛荣存第二张

姜继元存第三张

姜锡禄存第四张

姜继美存第五张

代笔 岩湾范锡魁

中华民国三十七年十二月初八日 立

板党加山场股份清单

立分合同字人本房三公。有祖遗共山壹块，地名板党加，界止(址)：上凭土垦与洪口，下凭溪为界，左上截凭元瀚、元礼、盛荣弟兄叔侄等共山为界，下截凭盛荣弟兄之山，右凭大冲为界，四抵分明。今将此山之杉木卖与本房姜坤荣砍伐作贸，当日凭中议定价光洋叁元整。此山分为贰大股，中仰占乙大股，我等□公占乙大股，又分为三股，秉魁、文月、鹤寿占壹大股，春魁、文举、盛荣叔侄占乙大股，继元、献猷、元瀚、文昌、文煌等占壹大股，股数分清。恐口无凭，立此合同六纸，各执壹纸，日后子孙永远发达存照。

合同六纸，各执壹纸(半书)

外批：渭滨之股秉魁、坤荣二人平分。

继元存一纸　元瀚存一纸　文昌存一纸　盛富存一纸　秉魁存一纸　源裕存一纸

民国卅九年[1]九月初一日源礼笔　立

①民国卅九年，即1950年。1950年1月初，人民解放军和平接管国民党锦屏县政权，成立锦屏县人民政府。同年3月中旬，国民党锦屏地方残余武装发动叛乱，锦屏县人民政府被颠覆，此后至同年12月，锦屏县处于国民党叛乱武装自建的伪政权统治之下。1950年12月，人民解放军平定叛乱。1951年1月初，锦屏县人民政府重新恢复。故时有“民国卅九年”之称。

立分合同字人李房三公有祖遗廿一山壹块地
名板凳加界止上凭土垦洪洪口下至滩溪为界右
左上凭栽元翰元礼盛荣分界[illegible]惟廿一廿八山
为界下栽凭盛堂分界之山右凭式林为界
四抵分明今将此山之杉木壹并房下鲁坤荣
砍伐作价当日凭中议定今先洋[illegible]元正出
分为式大股中作占壹乙大股盛廿七公占
壹大股又分为三股秉铭文月魁春一股占壹大
股春魁文华盛荣启煌占乙大股[illegible]之献
献之翰文昌文煌行一占壹股股数分清恐
口无凭立此合同六纸各执壹纸[illegible]存子
孙永远发达存照

[illegible]

外批渭滨之股秉魁坤荣二人平分

继之存乙纸
之翰存乙纸
文昌存乙纸
盛富存乙纸
秉鲜存乙纸
源猷存乙纸

民国卅九年九月初一日 源礼 笔立

皆路脚山场股份清单

立分清单合同字人本家姜源升、源礼，侄盛荣、盛富、盛贵、绍烈公孙叔侄等。所有山场壹块，地名皆路脚，界止（址）：上凭土垦荒坪，下凭河，左凭显光之山，右凭岭破直下大岩洞栽岩与盛荣弟兄等之私山为界，四抵分清。此山分为六股，源升弟兄占贰（股），此二股又分为四股，锡录占壹股，源升弟兄占叁股，此二股分清。其有肆股，盛荣占壹股，盛富占壹股，盛贵占壹股，绍烈占壹股。此四股分清。日后子孙照此分单贰纸永远发达存照为据。

姜源礼　笔

合同贰纸各执壹纸（半书）

公元一九五一年古历二月廿六日　立

立分清单合同字人姜家齐、姜源隆、源禮、源盛、
盛荣、盛富、源贵、绍烈、公祯、荣俊、荣必有山坡
壹块，地名培路脚界止，上凭土坚荒坪，下抵河，
左凭头冲之山，右凭岭，破直下大岩洞，抵盛荣
界为止，其山分为四股分清。
此山乃为六股，源隆、源禄占贰股，此二股又分
为四股，源禄占壹股，源隆、源禮占叁股，
此二股分清，共有肆股，盛荣占壹股，盛
富占壹股，盛贵占壹股，绍烈占壹股，此
四股分清，日后子孙照此分清为式。
日后永远发达，存照为据。

合同分清单存照

姜源禮笔

公元一九五一年古历二月廿六日 立

生产队仓基卖约

立卖字(内添几字)

八八年古历五月十六日,我四生产队在坤苍家开会落实我队旧仓基,议价壹佰元整。通过拈阄,有政拈得壹阄,绍勇拈得贰阄,绍平拈得叁阄。此仓基后抵水沟,前抵坎,留路走。当面交清价款。特立此纸,三人各执一张,永作呈(存)照。

凭中　姜明月、姜锡义

代笔　姜齐相

立卖字（内翁鸡字）

八八年古历五月十六日我四生产队在坤老家井会屋突我队旧仓基屋议价壹佰元整，送进植间，有政植得壹间，绍勇得贰间，绍平得叁间，此仓基屋抵水沟、芬杉坎，（留路走）当面交清价款，特立此据三人各执一张，永作呈照。

凭中 姜明月 姜锦栽

代笔 姜秀相

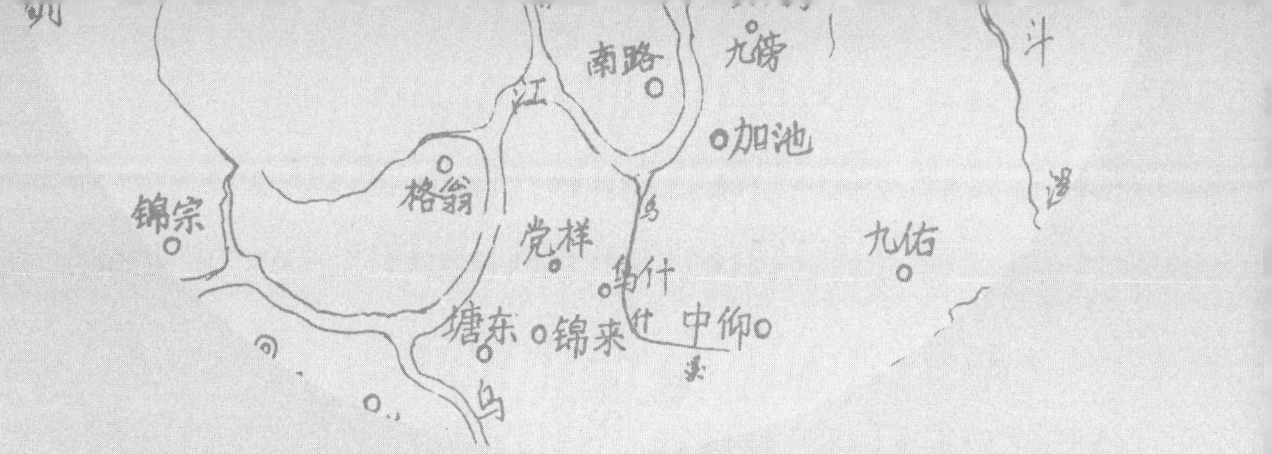

附录

加池村所在位置示意图

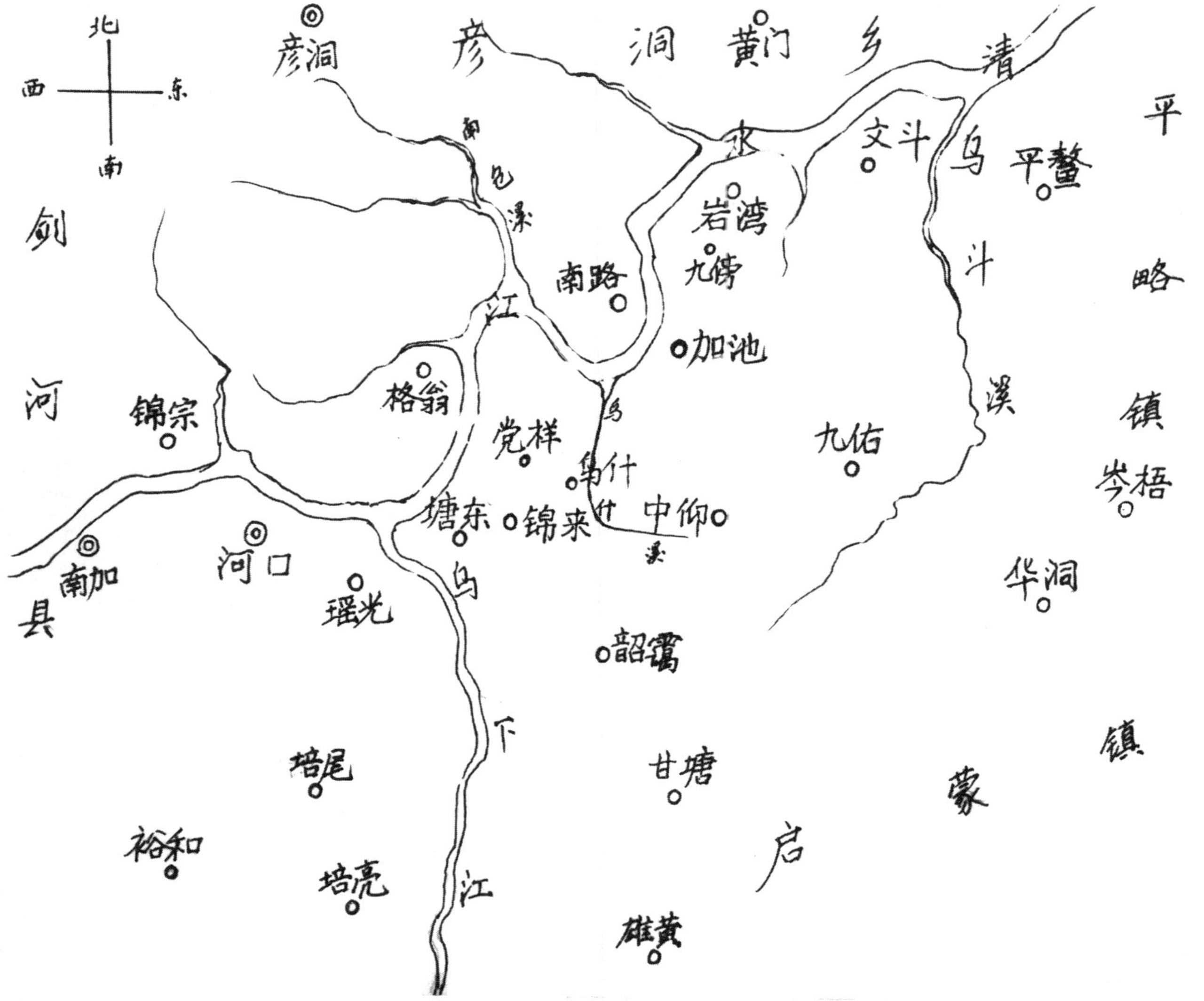
北
西
东
南
彦洞
彦
洞
黄门
乡
清
水
江
平
平鳌
乌
文斗
斗
略
岩湾
九佬
南路
加池
溪
镇
九佑
岑梧
南
乌
溪
剑
河
锦宗
格翁
党样
乌什
中仰
塘东
锦来
南加
县
河口
瑶光
乌
华洞
韶霭
下
甘塘
镇
蒙
培尾
裕和
培亮
江
启
雄黄

加池姜甫元后裔世序瓜藤表

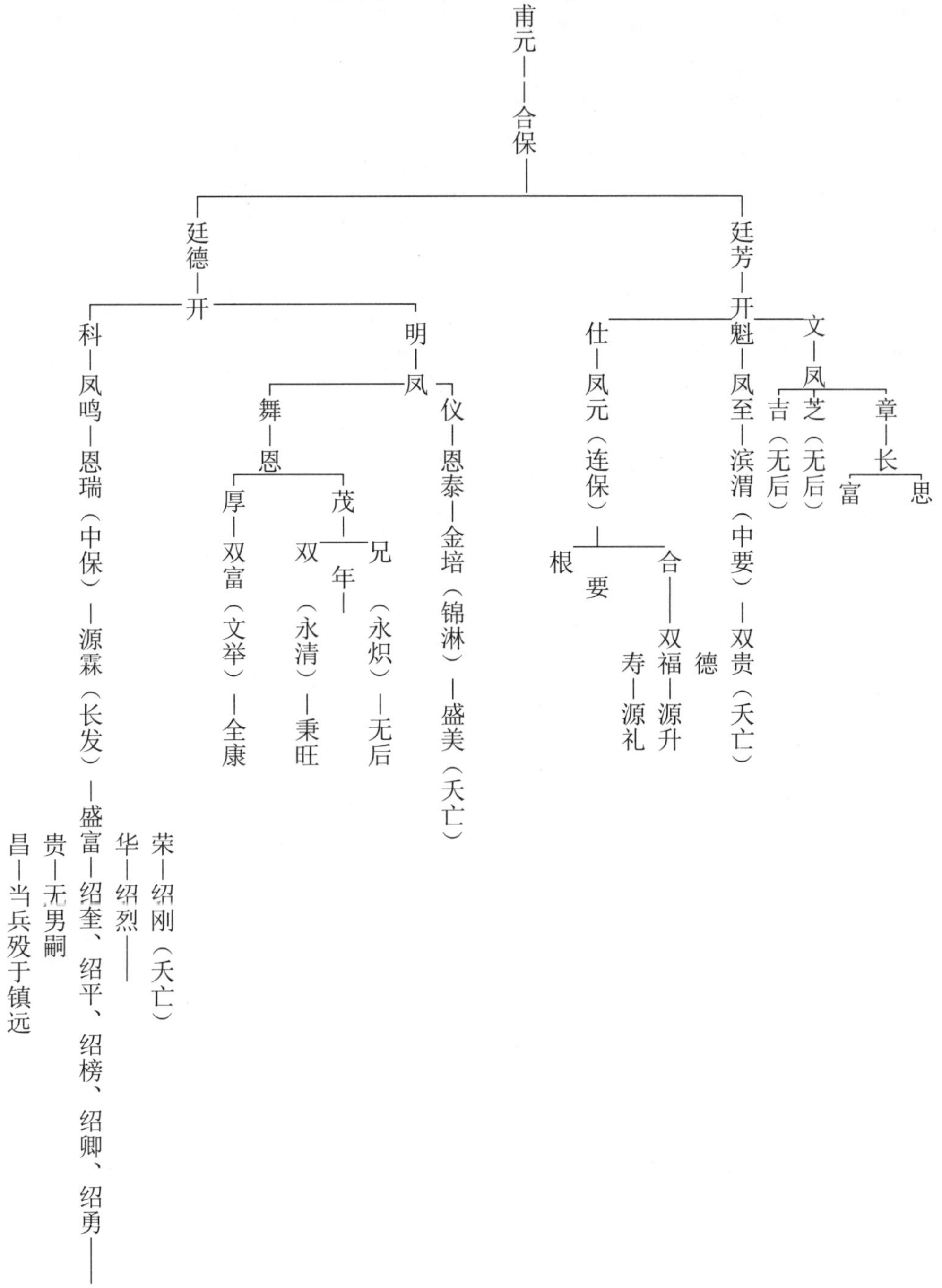

加池四合院家族世序简谱

- 甫元
  - 合保
    - 廷德 1767~1822，配杨氏
      - 次女妙胆，情况不详
      - 长女 不详
      - 开科 1800~1822，又名老堂，于清水江散排身亡。配韶霭龙氏
        - 凤鸣 1822~1844，又名三寄，配格翁范氏
          - 恩瑞 1843~1916，配格翁范氏
            - 源淋 1877~1946，配格翁范氏
              - 梅春 嫁张化范家现有传人
              - 金春 嫁卦治米家现有传人
              - 妹春 嫁文斗朱家已无传人
              - 盛昌 在镇远师管区学兵大队服役身亡，未成家
              - 盛贵 当兵客亡于四川 配中林大官舟杨氏生一女嫁八受吴家
              - 盛富 配培亮范氏 生五子三女
                - 女 不详
                - 女 不详
                - 女 不详
                - 绍勇 配韶霭王氏
                - 绍卿 配中仰陆氏
                - 绍榜 配培亮范氏
                - 绍平 过继盛荣
                - 绍奎 原配九佑潘氏 现配培亮范氏
              - 盛华 配南路马氏
                - 绍烈 配文斗龙氏
              - 盛荣 配裕河宋氏，生绍宾等五子，均夭亡
                - 绍平 配韶霭王氏
            - 四姣 1875年生，嫁康中姜家
            - 吾姣 1868年生，嫁瑶光姜家
            - 佑姣 1864年生，还嫁格翁范家
            - 生姣 1861年生，还嫁格翁范家
      - 开明 1795~1857，又名老元，配韶霭龙氏（情况不表）
    - 廷芳（不表）
  - 文海（无后）

后 记

2001～2004年，我负责锦屏县与中山大学合作的锦屏民间契约文书（2005年被称为“锦屏文书”）征集整理工作。2001年，我在向加池四合院姜绍烈老先生征集其家藏的契约等文书时，许诺将其所有的文书全部编成点校本，以便酷爱读书的姜老先生阅读。为兑现诺言，随后我用了一年多的业余时间，从陆续整理出来的四合院家族文书10卷文书原件中，选出612份输入电脑，并作了标点，向姜绍烈老先生“交卷”。

2011年，“锦屏文书”被以“清水江文书”之名称申报获得国家社科基金重大招标项目（批准号：11&ZD096），此项目分别由贵州大学、凯里学院、中山大学三家机构承担。我参与了凯里学院（徐晓光主持）和中山大学（张应强主持）的“国家社科基金重大招标项目清水江文书整理与研究”课题组，并承担凯里学院课题组安排的子课题“清水江文书中典型契约文书点校整理”。我于是以原所选编点校的《加池四合院山林契约选辑》为基础，增扩内容，并对文书中的苗侗语地名、人名和特殊历史人物、事件等作注释，编成《加池四合院文书考释》作为所承担子课题中的两部典型契约文书之一，2013年底完成课题规定任务。2014年，在贵州省民族古籍基金的支持下，我对《加池四合院文书考释》又作了进一步的修改和完善。2015年，《加池四合院文书考释》被贵州民族出版社列入“清水江文书整理与研究丛书”，作为其中一种公开出版，并获2015年贵州省出版传媒事业发展专项基金资助。

《加池四合院文书考释》计收录加池四合院姜绍烈家族所藏文书954份。除根据原件抄录的612份以外，余下的342份系从我与中山大学张应强合作主编的《清水江文书》第一辑第1、第2、第3册中转录。四合院文书总共有1218份，余下的264份中，有91份因无实际意义而未予收录；另有173份因

2002～2003年未能及时整理不便抄录，2004年后因锦屏县与中山大学合作被迫中止，《清水江文书》中亦未能收录，又因受制于苛严的管理制度，我无法再到收藏部门补充抄录，故未能收录入《加池四合院文书考释》中。

根据四合院文书内容的不同，《加池四合院文书考释》共分为四卷。第一、第二卷为山林土地权属转移类文书，计收录文书441份，其中第一卷收录195份，第二卷收录246份；第三卷为佃山造林类文书，计收录佃山造林和林业收益分配类文书189份；第四卷为杂类文书，计收录文书324份，其中农田、耕地、房屋地基类文书150份，借贷类文书43份，清白类文书28份，诉讼类文书78份(其中包括四合院家族内部产生的15份和由四合院收藏的清道光时格翁、塘东、韶霭三村民众状告河口巨富姚百万的讼词集《益我斯文》以及由格翁村收藏的另一本格翁等三村民众状告姚百万的讼词汇编63份)，其他文书(含课单、账单、信函等)25份。

我收集加池四合院文书，得到了姜绍烈、姜绍卿兄弟的大力支持。而在编著《加池四合院文书考释》的过程中，同样也得到姜绍烈老先生的帮助，特别是在姜绍烈老先生耳聪之时(2013年前)，我与他作过多次访谈，就其家族契约等文书中所涉及的山场田土地名、位置以及与之相关的人物和史事，向他作详细的了解。对姜绍烈老先生的支持和帮助，我将终生难忘！同时也希望凡是读过和利用过《加池四合院文书考释》的朋友，也记住这位本身未读过几年书，却对搞学问的人很支持的老人。另外，我在编著《加池四合院文书考释》时还得到了加池的姜绍明、姜绍怀和文斗村的易遵华、韶霭村的龙家亮、格翁村范培权等人的帮助，在此表示感谢！

2014年秋，我有幸到安徽大学徽学研究中心拜访该中心主任、著名学者卞利教授，记得在向他请益中，他说过一句话："对文书的考释是一件很难做好的事情。"的确，我在完成《加池四合院文书考释》编著中就碰到过很多的困难。其中最难的是苗族、侗族语言的理解和翻译问题。我是侗族，而加池等清水江一带大多是苗族，虽说之前也学过一些简单的苗语，但对于几百年前产生、未受过任何汉语影响的纯正苗语来说简直是滴水之于沙漠。再加上时间环境的改变，以致清代甚至民国时期用苗语记录的地名、人名，大多至今已无人知道，或者是没人能准确翻译或解释。还有，就是苗语、侗语的声调与汉语大不一样，用汉字记录苗音、侗音有很大的局限，而我自己又不懂国际音标，锦屏本地又找不到懂得国际音标的人来帮助。虽然有这诸多的困难，但我自认为自己长期做清水江地方历史文化工作，掌握了一些历史人文资料，还是想斗胆尝试。于是，在穷尽自己所掌握的地方历史人文知识后，对自己仍不懂的古地名、人名逐一标识，多次上加池以及周边的文斗、岩湾、韶霭等村寨核对印证，同时经常向身边的苗族朋友请教。

《加池四合院文书考释》是抛砖引玉之作，其中缺点和错误在所难免，望专家学者批评指正。

王宗勋

2015年8月1日于锦屏望江新城